빠오즈메이의
여행 중국어
마스터

빠오즈메이包子妹의
여행 중국어
마스터

배정현, 송한결 지음 · 조유리 그림

bs
브레인스토어

저자의 / 말

이제 중국도 자유여행으로 즐기세요.

빠오즈메이를 따라 음식도 내 맘대로 시켜 먹고,

용감하게 대중교통을 이용해 보세요.

빠오즈메이
包子妹

소심한 모험가. 고독한 여행가.
혼밥과 혼술, 나 홀로 여행을 즐기는 단벌 공주.
외국어는 실력보다 용기가 먼저라 외치며,
여행을 할 때만큼은 누구보다 용감하다.
목표는 중국 일주와 모든 중국요리 맛보기.

쇼핑, 티켓팅, 마사지도 바가지 없이 누리세요.

여러분의 편안하고 신나는 여행을 응원합니다.

- 배정현, 송한결, 조유리 올림 -

★ 중국의 주요 도시 ★

중국은 세계에서 가장 많은 인구와 네 번째로 큰 국토를 가진 나라이다. 주요 도시마다 그 분위기가 다르고, 날씨는 물론 계절이 서로 다른 경우도 많다. 때문에, "중국 어디가 좋아요?"라는 질문에 답하는 것은 쉽지 않다. 여행자의 선호도에 따라 아래와 같이 여행지를 결정해보면 어떨까?

★ 오랜 역사는 물론 가장 중국다운 현재를 느껴보려면, 수도 베이징으로

★ 국제화된 도시에서 화려한 야경을 보며 쇼핑을 즐기려면, 경제 수도 상하이로

★ 광활한 자연 풍광과 탁 트인 대초원을 누리고 싶다면, 네이멍구 자치구로

★ 도시에서 벗어나 힐링을 테마로 잠시 쉬고 싶다면, 리장(윈난성)으로

★ 중국요리를 마음껏 먹으며 맛집 투어를 하고 싶다면, 칭다오(산둥성)로

★ 부모님과 함께 효도여행을 떠나 인생 사진을 남기고 싶다면, 장자제(후난성)로

★ 유적지를 찾아다니며 역사투어를 하고 싶다면, 시안(산시성)으로

★ 삼국지 속 인물들의 발자취를 쫓고 싶다면, 청두(스추안성)로

차 례

二

비행기탑승+공항

1 좋은 아침입니다.

早上好!
Zǎoshang hǎo
(자오샹 하오)

2 안녕하십니까!

您好!
Nín hǎo
(닌 하오)

3 신사 숙녀 여러분 안녕하세요.

女士们，先生们，大家好!
Nǚshìmen xiānshēngmen dàjiā hǎo
(뉘쓸먼 씨엔썽먼 따찌아 하오)

4 탑승을 환영합니다.

欢迎您乘坐。
Huānyíng nín chéngzuò
(환잉 닌 청쭈어)

5 좌석에 앉아 안전벨트를 매주십시오.

请您坐好，系好安全带。
Qǐng nín zuòhǎo jìhǎo ānquándài
(칭 닌 쭈어하오 찌하오 안취엔따이)

一。비행기탑승+공항

요청하기

칭 게이 워 + 필요한 물건
= ~을 주세요.

쏙쏙

줍줍

1	이어폰	ěrjī

耳机

얼찌

2	담요	máotǎn

毛毯

마오탄

3	베개	zhěntou

枕头

졘토우

4	안대	yǎnzhào

眼罩

옌짜오

5	슬리퍼	tuōxié

脱鞋

투어시에

6	볼펜	yuánzhūbǐ	7	신문	bàozhǐ

圆珠笔

위엔쭈비

报纸

빠오즐

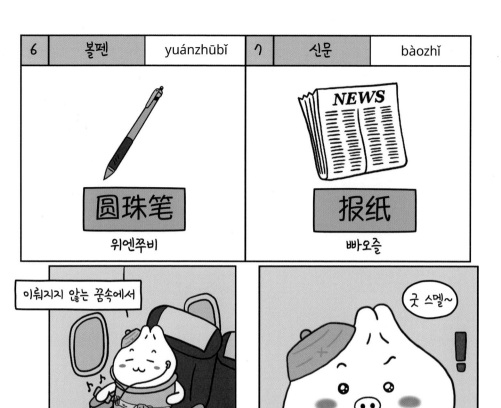

이뤄지지 않는 꿈속에서

피울 수 없는 꽃을 키웠어~

굿 스멜~

콩콩

8 저희는 식사와 음료를 제공할 예정입니다.

我们将为您提供餐食和饮料。
Women jiāng wèi nín tígōng cānshí hé yǐnliào
(워먼 찌앙 웨이 닌 티꽁 찬슬 허 인리아오)

一。비행기탑승+공항

12 　어떤 음료를 원하세요?

您喝点儿什么饮料?
Nín hē diǎnr shénme yǐnliào
(닌 허 디알 션머 인리아오)

13 　오렌지주스 주세요.

请给我橙汁。
Qǐng gěi wǒ chéngzhī
(칭 게이 워 청쯜)

꺄아, 맛있겠다.

찰칵

찰칵

| 8 | 쇠고기 밥 | niúròufàn | 9 | 돼지고기 밥 | zhūròufàn |

牛肉饭

니우로우판

猪肉饭

쭈로우판

| 10 | 닭고기 면 | jīròumiàn | 11 | 볶음면 | chǎomiàn |

鸡肉面

찌로우미엔

炒面

차오미엔

| 12 | 채식 세트 | sùshícān | 13 | 어린이 세트 | értóngcān |

素食餐

쑤슬찬

儿童餐

얼통찬

14	사이다	xuěbì	15	콜라	kělè

雪碧

쉬에삐

可乐

커러

16	오렌지주스	chéngzhī	17	사과주스	píngguǒzhī

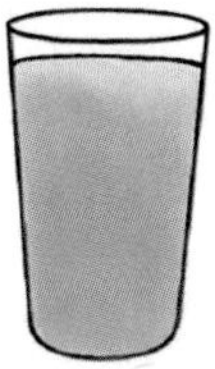

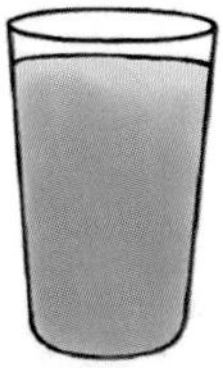

橙汁

청쯸

苹果汁

핑구어쯸

18	와인	pútáojiǔ	19	맥주	píjiǔ

葡萄酒

푸타오지우

啤酒

피지우

ㄴ０	커피	kāfēi	ㄴ١	차	chá

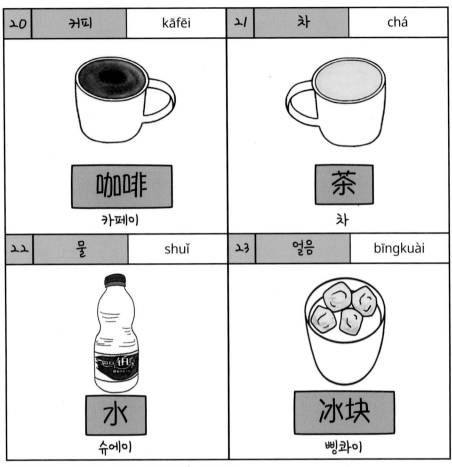

咖啡
카페이

茶
차

ㄴㄴ	물	shuǐ	ㄴ３	얼음	bīngkuài

水
슈에이

冰块
삥콰이

* 항공사마다 제공하는 음료와 기내식이 다를 수 있습니다.

냠

근데.. 배부르니 졸리다.

14 비행기가 곧 착륙합니다.

飞机即将降落。
Fēijī jíjiāng jiàngluò
(페이찌 지찌앙 찌앙루어)

도착한 건가?

15 안녕히 가세요.

再见。
Zàijiàn
(짜이찌엔)

16 고맙습니다.

谢谢。
Xièxie
(씨에시에)

一。비행기탑승+공항

어디로 가야 하지?

24	도착	dàodá	25	환승	zhuǎnjī

到达
따오다

转机
주안찌

26	입국심사	rùjìngjiǎnchá	27	72시간 무비자 전용 통로	qīshí'èrxiǎoshíguòjìng miǎnqiānzhuānyòngtōngdào

入境检查
루찡지엔차

72 小时过境免签专用通道
치슬얼샤오슬꾸어찡미엔치엔쭈안용통따오

* 제3국으로 경유하는 외국인은 칭다오, 샤먼, 우한, 청두, 쿤밍에서 72시간 무비자로 머무를 수 있습니다.

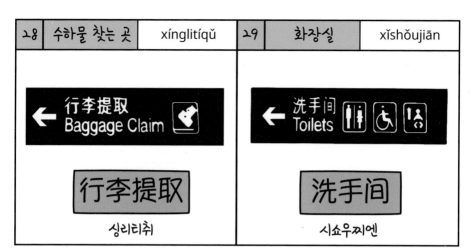

28	수하물 찾는 곳	xínglitíqǔ	29	화장실	xǐshǒujiān

行李提取
← Baggage Claim

行李提取

싱리티취

洗手间
← Toilets

洗手间

시쇼우찌엔

역시 중국이야. 사람 진짜 많다.

中国边检　中国边检

근데 왜 다들 저기 줄을 서있는 거야?

入境外国人指纹

자동 지문 등록 구역
入境外国人指纹
自动留存区
←

* 入境外国人指纹自动留存区
　외국인 자동 지문등록 구역

一。비행기탑승+공항

시작 버튼 누르고

여권을 스캔하세요.

여기서 지문을 등록하는 거구나.

어?! 한국어 나온다.

* 중국에 입국하는 외국인은 최초 1회에 한해 지문등록을 해야 합니다.

왼손 4지
(4指)

오른손 4지
(4指)

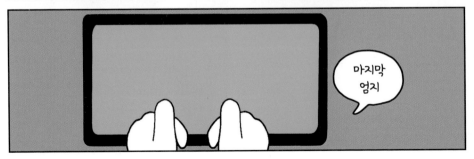

마지막
엄지

오오 신기하다.
이걸 제출하면 되는구나.

OK

请在候检区排队

이제 진짜 입국심사 받고
짐 찾으러 가야지!!

中国边检 6

7 中国边检 中国边检 8

请在黄线外排队候检

여긴 언제나 긴장돼.
제발 아무 일 없기를

17 여권 제시해 주세요.

请出示一下护照。
Qǐng chūshì yíxià hùzhào
(칭 추쓸 이씨아 후짜오)

一。비행기탑승+공항

30	여권	hùzhào	31	비자	qiānzhèng

護照
후짜오

签证
치엔쩡

32	입국 신고서	rùjìngkǎ	33	탑승권	dēngjīpái

入境卡
루찡카

登机牌
떵찌파이

18 중국 방문 목적이 무엇입니까?

你来中国的目的是什么?
Nǐ lái Zhōngguó de mùdì shì shénme
(니 라이 쫑구어 더 무띠 쓸 션머)

19 저는 여행 왔습니다.

我是来旅游的。
Wǒ shì lái lǚyóu de
(워 쓸 라이 뤼요우더)

20 여기에 며칠 체류합니까?

你在这/儿呆几天?
Nǐ zài zhèr dāi jǐ tiān
(니 짜이 쩔 따이 지 티엔)

21 3일 체류합니다.

呆三天。
Dāi sān tiān
(따이 싼 티엔)

괜히 걱정했네.

다행히 아무것도
묻지 않았어. 휴~

짐 찾으러 가야지!!

저기다!!

영차

一。 비행기탑승+공항

드디어 나왔다.

호텔까지 어떻게 가지?

짐이 많으니 택시 타는 게 낫겠다.

이쪽이다.

어? 택시 승강장은 지하에 있네?

* 칭다오 리우팅공항의 경우 택시정류장은 지하에 있고, 도착층인 1층에는 버스승강장이 있습니다.
2층 출발 층에도 택시가 있으나 그곳 기사님들은 미터기 요금으로 가는 것을 꺼립니다.

아, 맞다!
중국에선 택시 타기 전에
꼭 목적지의 중국어 이름을 알아두랬지?

타자마자 기사님 보여드려야지.

일단 짐부터 싣고!

안녕. / 안녕하세요.
你好。
[Nǐ hǎo] 니하오

안녕하십니까.(정중한 표현)
您好。
[Nín hǎo] 닌하오

고맙습니다.
谢谢。
[Xièxie] 씨에시에

천만에요!
不客气。
[Búkèqi] 부커치

미안합니다.
不好意思。[Bùhǎoyìsi] 뿌하오이스
对不起。[Duìbuqǐ] 뚜에이부치

실례했습니다!
麻烦你了。
[Máfan nǐle] 마판니러

괜찮습니다.
没关系。
[Méiguānxi] 메이꽌시

잘 가요! 또 만나요!
再见。
[Zàijiàn] 짜이찌엔

비행기 탑승 + 공항

단어
회화

1-1 기내에서 주요 단어

1. 이어폰 耳机
   [ěrjī] 얼찌

2. 담요 毛毯
   [máotǎn] 마오탄

3. 베개 枕头
   [zhěntou] 젼토우

4. 안대 眼罩
   [yǎnzhào] 옌짜오

5. 슬리퍼 脱鞋
   [tuōxié] 투어시에

6. 볼펜 圆珠笔
   [yuánzhūbǐ] 위엔쭈비

7. 신문 报纸
   [bàozhǐ] 빠오즐

8. 쇠고기 밥 牛肉饭
   [niúròufàn] 니우로우판

9. 돼지고기 밥 猪肉饭
   [zhūròufàn] 쭈로우판

10. 닭고기 면 鸡肉面
    [jīròumiàn] 찌로우미엔

11. 볶음면 炒面
    [chǎomiàn] 차오미엔

12. 채식 세트 素食餐
    [sùshícān] 쑤슬찬

13. 어린이 세트 儿童餐
    [értóngcān] 얼통찬

14. 사이다 雪碧
    [xuěbì] 쉬에삐

15. 콜라 可乐
    [kělè] 커러

16. 오렌지주스 橙汁
    [chéngzhī] 청쯜

17. 사과주스 苹果汁
    [píngguǒzhī] 핑구어쯜

18. 와인 葡萄酒
    [pútáojiǔ] 푸타오지우

19. 맥주 啤酒
    [píjiǔ] 피지우

20. 커피 咖啡
    [kāfēi] 카페이

21. 차 茶
    [chá] 차

22. 물 水
    [shuǐ] 슈에이

23. 얼음 冰块
    [bīngkuài] 삥콰이

기내 실전 회화

1. 좋은 아침입니다.
   早上好。
   Zǎoshang hǎo
   자오상 하오

2. 안녕하십니까!
您好!
Nín hǎo
닌 하오

3. 신사 숙녀 여러분 안녕하세요.
女士们, 先生们, 大家好!
Nǚshìmen xiānshēngmen dàjiā hǎo
뉘쏠먼 씨엔쎵먼 따찌아 하오

4. 탑승을 환영합니다.
欢迎您乘坐。
Huānyíng nín chéngzuò
환잉 닌 청쭈어

5. 좌석에 앉아 안전벨트를 매주십시오.
请您坐好, 系好安全带。
Qǐng nín zuòhǎo jìhǎo ānquándài
칭 닌 쭈어하오 찌하오 안취엔따이

6. 승무원님~
乘务员~
Chéngwùyuán
청우위엔

7. 이어폰 주세요.
请给我一个耳机。
Qǐng gěi wǒ yí ge ěrjī
칭 게이 워 이 거 얼찌

8. 저희는 식사와 음료를 제공할 예정입니다.
我们将为您提供餐食和饮料。
Wǒmen jiāng wèi nín tígōng cānshi he yǐnliào
워먼 찌앙 웨이 닌 티꽁 찬슬 허 인리아오

9. 닭고기 밥과 쇠고기 면 중 무엇으로 하시겠어요?
您要鸡肉饭还是牛肉面?
Nín yào jīròufàn háishi niúròumiàn
닌 야오 찌로우판 하이슬 니우로우미엔

10. 닭고기 밥 주세요.
请给我鸡肉饭。
Qǐng gěi wǒ jīròufàn
칭 게이 워 찌로우판

11. 테이블을 펴주세요.
请您打开小桌板。
Qǐng nín dǎkāi xiǎo zhuōbǎn
칭 닌 다카이 시아오 쭈어반

12. 어떤 음료를 원하세요?
您喝点儿什么饮料?
Nín hē diǎnr shénme yǐnliào
닌 허 디알 션머 인리아오

13. 오렌지주스 주세요.
请给我橙汁。
Qǐng gěi wǒ chéngzhī
칭 게이 워 청쯜

14. 비행기가 곧 착륙합니다.
飞机即将降落。
Fēijī jíjiāng jiàngluò
페이찌 지찌앙 찌앙루어

15. 안녕히 가세요.
再见。
Zàijiàn
짜이찌엔

단어
회화

16. 고맙습니다.
谢谢。
Xièxie
씨에시에

1-2 공항에서 주요 단어

24. 도착 到达
[dàodá] 따오다

25. 환승 转机
[zhuǎnjī] 주안찌

26. 입국심사 入境检查
[rùjìngjiǎnchá] 루찡지엔차

27. 72시간 무비자 전용 통로
72小时过境免签专用通道
[qīshí'èrxiǎoshí guòjìng miǎnqiān
zhuānyòngtōngdào]
치슬얼샤오슬꾸어찡미엔치엔쭈안용통따오

28. 수하물 찾는 곳 行李提取
[xíngli tíqǔ] 싱리티취

29. 화장실 洗手间
[xǐshǒujiān] 시쇼우찌엔

30. 여권 护照
[hùzhào] 후짜오

31. 비자 签证
[qiānzhèng] 치엔쩡

32. 입국 신고서 入境卡
[rùjìngkǎ] 루찡카

33. 탑승권 登机牌
[dēngjīpái] 떵찌파이

공항 실전 회화

17. 여권 제시해 주세요.
请出示一下护照。
Qǐng chūshì yíxià hùzhào
칭 추쓸 이씨아 후짜오

18. 중국 방문 목적이 무엇입니까?
你来中国的目的是什么?
Nǐ lái Zhōngguó de mùdì shì shénme
니 라이 쭝구어 더 무띠 쓸 션머

19. 저는 여행 왔습니다.
我是来旅游的。
Wǒ shì lái lǚyóu de
워 쓸 라이 뤼요더

20. 여기에 며칠 체류합니까?
你在这儿呆几天?
Nǐ zài zhèr dāi jǐ tiān
니 짜이 쩔 따이 지 티엔

21. 3일 체류합니다.
呆三天。
Dāi sān tiān
따이 싼 티엔

공항 택시 승강장 실전 희화

22. 몇 명이세요?
您几位?
Nín jǐ wèi
닌 지 웨이

23. 한 명이요.
一个人。
Yí ge rén
이 거 런

二

택시+호텔

二。 택시+호텔

중국택시 간단소개

중국은 택시회사마다 다양한 색깔로
차량을 구분하여 운행 중이에요.

주요 도시 택시 요금(2019.03 기준)을 알아둡시다!

베이징

	기본료	3km 초과 시
주간 (05시~23시)	14위안	2.3(元/km)
야간 (23시~05시)	14위안	2.8(元/km)

상하이

	기본료	3km 초과 시
주간 (05시~23시)	16위안	2.5(元/km)
야간 (23시~05시)	18위안	3.3(元/km)

칭다오

	기본료	3km 초과 시
주간 (05시~22시)	10위안	2.0(元/km)
야간 (22시~05시)	10위안	2.4(元/km)

시안

	기본료	3km 초과 시
주간 (06시~23시)	9위안	2.0(元/km)
야간 (23시~06시)	10위안	2.3(元/km)

5 어느 길로 갈까요?

走哪条路?
Zǒu nǎ tiáo lù
(조우 나 티아오 루)

6 내비게이션 켜고 가주세요.

开导航吧。
Kāi dǎoháng ba
(카이 다오항 바)

지역마다, 택시마다 기본료가 달라요. 뒷좌석 창문에 기본요금(起步价)과 추가요금이 기재되어 있으니 타기 전에 꼭 확인하세요.

起步价 11元

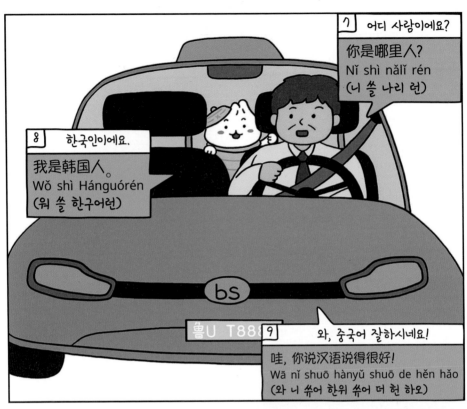

* 영수증을 챙겨두면 짐을 놓고 내렸거나 요금을 과도하게 냈을 경우 유용하게 사용할 수 있습니다.

1	택시	chūzūchē	2	기사님	sījī/shīfu

1 택시 chūzūchē
出租车
추쭈처

2 기사님 sījī/shīfu
司机/师傅
쓰찌/쓸푸

3 미터기로 가다 dǎbiǎoqù
打表去
다비아오취

4 내비게이션을 켜다 kāidǎoháng
开导航
카이다오항

5 에어컨 kōngtiáo
에어컨을 켜다. [kāikōngtiáo]
에어컨을 끄다. [guānkòngtiáo]
空调
콩티아오

6 차창 chēchuāng
차 창을 올리다. [yáoshàngchēchuāng]
차 창을 내리다. [yáoxiàchēchuāng]
车窗
처추앙

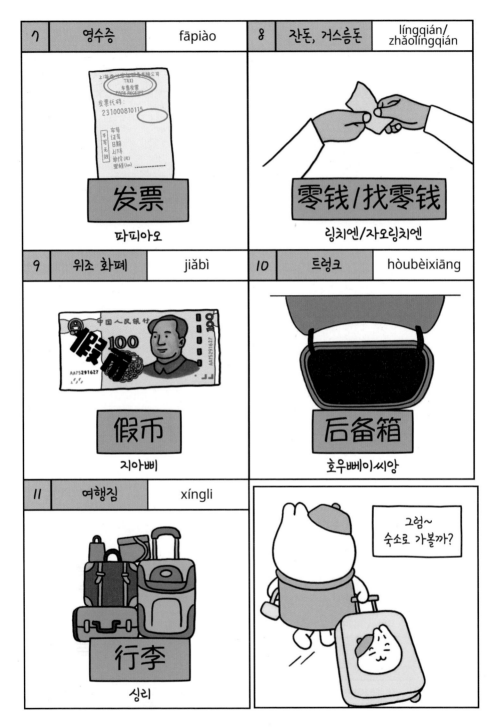

7	영수증	fāpiào	8	잔돈, 거스름돈	língqián/zhǎolíngqián

发票

파피아오

零钱/找零钱

링치엔/자오링치엔

9	위조 화폐	jiǎbì	10	트렁크	hòubèixiāng

假币

지아삐

后备箱

호우뻬이씨앙

11	여행짐	xíngli

行李

싱리

그럼~
숙소로 가볼까?

二。택시+호텔

16 체크인하려고요.

我要入住。
Wǒ yào rùzhù
(워 야오 루쭈)

17 예약하셨나요?

您预定了吗?
Nín yùdìng le ma
(닌 위띵 러 마)

18 네, 제 이름은 빠오즈메이입니다.

是, 我叫包子妹。
Shì wǒ jiào Bāozimèi
(쓸 워 찌아오 빠오즈메이)

19 저는 1인실 하나를 예약했어요.

我预定了一个单人间。
Wǒ yùdìng le yí ge dānrénjiān
(워 위띵 러 이 거 딴런찌엔)

| 12 | 1인실 | dānrénjiān | 13 | 2인실 | shuāngrénjiān |

单人间
딴런찌엔

双人间
쓔앙런찌엔

| 14 | 디럭스룸 | háohuájiān | 15 | 스위트룸 | tàojiān/tàofáng |

※ 룸 사이즈가 크고 구성품이 좀 더 고급스러움

豪华间
하오화찌엔

※ 거실과 룸이 분리되어 있음

套间/套房
타오찌엔/타오팡

| 16 | 오션뷰 | hǎijǐngfáng | 17 | 시티뷰 | chéngjǐngfáng |

海景房
하이징팡

城景房
청징팡

20 여권과 비자를 보여주세요.

请出示您的护照和签证。
Qǐng chūshì nín de hùzhào hé qiānzhèng
(칭 추쓸 닌 더 후짜오 허 치엔쩡)

21 여기에 사인(서명) 해주세요.

请在这儿签名。
Qǐng zài zhèr qiānmíng
(칭 짜이 쩔 치엔밍)

22 보증금을 내야 하나요?

我需要付押金吗?
Wǒ xūyào fù yājīn ma
(워 쒸야오 푸 야찐 마)

23 500위안 내시면 됩니다.

您要交五百块钱押金。
Nín yào jiāo wǔbǎikuài qián yājīn
(닌 야오 찌아오 우바이콰이 치엔 야찐)

* 현금 지불 시, 보증금 영수증을 잘 챙겼다가 퇴실할 때 돌려받으면 됩니다.
  카드 지불 시엔 퇴실하면 자동 취소됩니다. 요즘은 보증금을 받지 않는 경우도 많습니다.

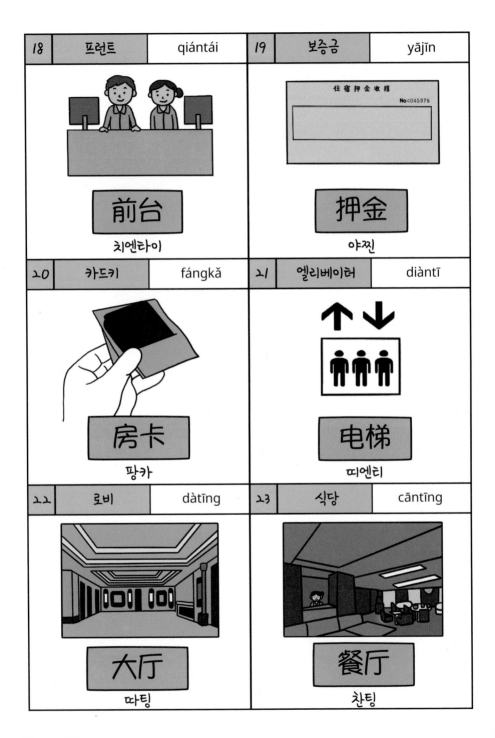

| 18 | 프런트 | qiántái | 19 | 보증금 | yājīn |

前台
치엔타이

住宿押金收据
No c045976

押金
야찐

| 20 | 카드키 | fángkǎ | 21 | 엘리베이터 | diàntī |

房卡
팡카

电梯
띠엔티

| 22 | 로비 | dàtīng | 23 | 식당 | cāntīng |

大厅
따팅

餐厅
찬팅

그8 8층에 도착했습니다.

八层到了。
Bā céng dào le
(빠 청 따오 러)

두근두근

우와~

방도 크고~

뷰도 훌륭하고~

이런 방을 예약한 나 자신 칭찬해 ><

二。 택시+호텔

그럼,

앞으로 사흘간 머물게 된 방을 살펴볼까?

화장실 투어!!

오~ 아주 정갈해!!

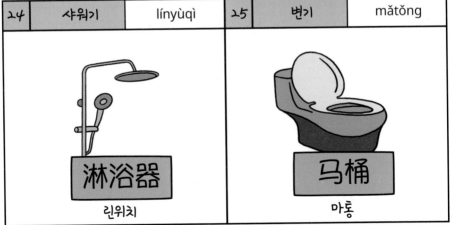

24	샤워기	línyùqì	25	변기	mǎtǒng

淋浴器

린위치

马桶

마통

26	칫솔&치약	yáshuā&yágāo	27	비누	féizào

牙刷&牙膏

야쓔아 & 야까오

肥皂

페이짜오

28	샴푸&린스	xǐfàshuǐ&hùfàsù	29	보디워시& 보디로션	mùyùlù&rùnfūlù

洗发水&护发素

시파슈에이 & 후파쑤

沐浴露&润肤露

무위루 & 룬푸루

30	수건	máojīn	31	휴지	wèishēngzhǐ

毛巾

마오찐

卫生纸

웨이셩즐

32	샤워캡	yùmào	33	면도기	guāhúdāo

浴帽

위마오

刮胡刀

꽈후따오

34	헤어드라이어	chuīfēngjī

吹风机

추에이펑찌

그만 꾸물대고 얼른 나가야 하는데...

그런데, 이거 마셔도 되는 건가?
냉장고 안에 있는 건 손대지 말자.

| 35 | 무료(제공) | miǎnfèi(tígōng) | 36 | 과금 | shōufèi |

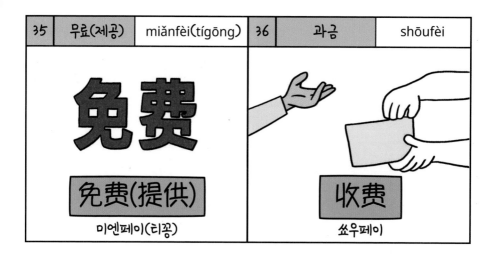

免费(提供)

미엔페이(티꽁)

收费

쏘우페이

공짜인지 아닌지
잘 알아보고
사용해야지.

| 37 | 냉장고 | bīngxiāng | 38 | 전기포트 | diànshuǐhú |

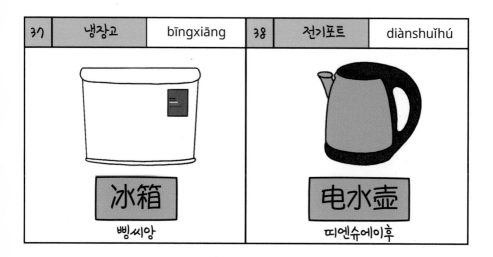

冰箱

삥씨앙

电水壶

띠엔슈에이후

헛, 근데 이불에 이거 뭐야?

바꿔달라고 해야겠어!

29 여보세요, 여기 806호입니다.

喂, 这里是806号房间。
Wéi zhèli shì bālíngliù hào fángjiān
(웨이 쩌리 쓰 빠링리우 하오 팡찌엔)

30 침대 시트 바꿔주세요.

请换一下床单。
Qǐng huàn yíxià chuángdān
(칭 환 이씨아 추앙딴)

교환 요구하기

칭 환이씨아 + 바꾸고 싶은 물건
= ~을 바꿔주세요.

쏙쏙

줍줍

| 39 | 침대 시트 | chuángdān |

床单

추앙딴

| 40 | (덮는)이불 | bèizi | 41 | 베갯잇 | zhěntào |

被子

뻬이즈

枕套

젼타오

| 42 | 스탠드 | táidēng | 43 | 전화기 | diànhuà |

台灯

타이떵

电话

띠엔화

电视

띠엔쓰

遥控器

야오콩치

착착

띵동

여긴 이제 완벽해!!!
그럼, 출발해볼까?

저기요~ (남성을 부를 때)
帅哥 [shuàigē] 쑤아이꺼
先生 [xiānsheng] 씨엔셩

저기요~ (여성을 부를 때)
美女 [měinǚ] 메이뉘
小姐姐 [xiǎojiějie] 시아오지에지에

저기요~ (종업원을 부를 때)
服务员
[fúwùyuán] 푸우위엔

저기요~ (승무원을 부를 때)
乘务员
[chéngwùyuán] 청우위엔

사장님~
老板
[lǎobǎn] 라오반

기사님~
师傅
[shīfu] 쓸푸

아저씨~
叔叔
[shūshu] 슈슈

아주머니~
阿姨
[āyí] 아이

택시+호텔

단어
회화

单词・会话 VOCABULARY・CONVERSATION

2-1 택시에서 주요 단어

1. 택시 出租车
   [chūzūchē] 추쭈처

2. 기사님 司机/师傅
   [sījī/shīfù] 쓰찌/쓸푸

3. 미터기로 가다 打表去
   [dǎbiǎoqù] 다비아오취

4. 내비게이션을 켜다 开导航
   [kāidǎoháng] 카이다오항

5. 에어컨 空调
   [kōngtiáo] 콩티아오

6. 차창 车窗
   [chēchuāng] 처추앙

7. 영수증 发票
   [fāpiào] 파피아오

8. 잔돈, 거스름돈 零钱/找零钱
   [língqián/zhǎolíngqián]
   링치엔/자오링치엔

9. 위조 화폐 假币
   [jiǎbì] 지아삐

10. 트렁크 后备箱
    [hòubèixiāng] 호우뻬이씨앙

11. 여행짐 行李
    [xíngli] 싱리

택시 실전 회화

1. 어디 가세요?
   去哪儿?
   Qù nǎr
   취 날

2. 이 주소로 가주세요.
   请到这个地址。
   Qǐng dào zhège dìzhǐ
   칭 따오 쩌거 띠즐

3. 호텔까지 얼마나 걸리나요?
   到酒店要多久?
   Dào Jiǔdiàn yào duōjiǔ
   따오 지우띠엔 야오 뚜어지우

4. 50분 정도 걸립니다.
   大概五十分钟。
   Dàgài wǔshí fēnzhōng
   따까이 우슬 펀쫑

5. 어느 길로 갈까요?
   走哪条路?
   Zǒu nǎ tiáo lù
   조우 나 티아오 루

6. 내비게이션 켜고 가주세요.
   开导航吧。
   Kāi dǎoháng ba
   카이 다오항 바

7. 어디 사람이에요?
   你是哪里人?
   Nǐ shì nǎlǐ rén
   니 쓸 나리 런

8. 한국인이에요.
我是韩国人。
Wǒ shì Hánguórén
워 쓸 한구어런

9. 와, 중국어 잘하시네요!
哇，你说汉语说得很好!
Wā nǐ shuō hànyǔ shuō de hěn hǎo
와 니 쓔어 한위 쓔어 더 헌 하오

10. 기사님 에어컨 켜주세요.
师傅，请开空调。
Shīfu qǐng kāi kōngtiáo
쓸푸 칭 카이 콩티아오

11. 좋아요. 문제없죠!
好，没问题!
Hǎo, méi wèntí
하오 메이 원티

12. 기사님, 여기서 세워주세요.
师傅，在这儿停一下。
Shīfu zài zhèr tíng yíxià
쓸푸 짜이 쩔 팅 이씨아

13. 얼마예요?
多少钱?
Duōshao qián
뚜어샤오 치엔

14. 87위안입니다.
87块钱。
Bāshíqīkuài qián
빠슬치콰이 치엔

15. 영수증 주세요.
请给我发票。
Qǐng gěi wǒ fāpiào
칭 게이 워 파피아오

2-2 호텔에서 주요 단어

12. 1인실 单人间
[dānrénjiān] 딴런찌엔

13. 2인실 双人间
[shuāngrénjiān] 쓔앙런찌엔

14. 디럭스룸 豪华间
[háohuájiān] 하오화찌엔

15. 스위트룸 套间/套房
[tàojiān/tàofáng] 타오찌엔/타오팡

16. 오션뷰 海景房
[hǎijǐngfáng] 하이징팡

17. 시티뷰 城景房
[chéngjǐngfáng] 청징팡

18. 프런트 前台
[qiántái] 치엔타이

19. 보증금 押金
[yājīn] 야찐

20. 카드키 房卡
[fángkǎ] 팡카

21. 엘리베이터 电梯
[diàntī] 띠엔티

22. 로비 大厅
[dàtīng] 따팅

단어 회화

23. 식당 餐厅
    [cāntīng] 찬팅

24. 샤워기 淋浴器
    [línyùqì] 린위치

25. 변기 马桶
    [mǎtǒng] 마통

26. 칫솔&치약 牙刷&牙膏
    [yáshuā&yágāo] 야쓔아&야까오

27. 비누 肥皂
    [féizào] 페이짜오

28. 샴푸&린스 洗发水&护发素
    [xǐfàshuǐ&hùfàsù] 시파슈에이&후파쑤

29. 보디워시&보디로션 沐浴露&润肤露
    [mùyùlù&rùnfūlù] 무위루&룬푸루

30. 수건 毛巾
    [máojīn] 마오찐

31. 휴지 卫生纸
    [wèishēngzhǐ] 웨이썽즐

32. 샤워캡 浴帽
    [yùmào] 위마오

33. 면도기 刮胡刀
    [guāhúdāo] 꽈후따오

34. 헤어드라이어 吹风机
    [chuīfēngjī] 추에이펑찌

35. 무료(제공) 免费(提供)
    [miǎnfèi(tígōng)] 미엔페이(티꽁)

36. 과금 收费
    [shōufèi] 쑈우페이

37. 냉장고 冰箱
    [bīngxiāng] 삥씨앙

38. 전기포트 电水壶
    [diànshuǐhú] 띠엔슈에이후

39. 침대 시트 床单
    [chuángdān] 추앙딴

40. (덮는)이불 被子
    [bèizi] 뻬이즈

41. 베갯잇 枕套
    [zhěntào] 전타오

42. 스탠드 台灯
    [táidēng] 타이떵

43. 전화기 电话
    [diànhuà] 띠엔화

44. TV 电视
    [diànshì] 띠엔쓸

45. 리모콘 遥控器
    [yáokòngqì] 야오콩치

호텔 실전 회화

16. 체크인하려고요.
    我要入住。
    Wǒ yào rùzhù
    워 야오 루쭈

17. 예약하셨나요?
    您预定了吗?
    Nín yùdìng le ma
    닌 위띵 러 마

18. 네, 제 이름은 빠오즈메이입니다.
是, 我叫包子妹。
Shì wǒ jiào Bāozimèi
쓸 워 찌아오 빠오즈메이

19. 저는 1인실 하나를 예약했어요.
我预定了一个单人间。
Wǒ yùdìng le yí ge dānrénjiān
워 위띵 러 이 거 딴런찌엔

20. 여권과 비자를 보여주세요.
请出示您的护照和签证。
Qǐng chūshì nín de hùzhào hé qiānzhèng
칭 추쓸 닌 더 후짜오 허 치엔쩡

21. 여기 사인(서명) 해 주세요.
请在这儿签名。
Qǐng zài zhèr qiānmíng
칭 짜이 쩔 치엔밍

22. 보증금을 내야 하나요?
我需要付押金吗?
Wǒ xūyào fù yājīn ma
워 쒸야오 푸 야찐 마

23. 500위안 내시면 됩니다.
您要交五百块钱押金。
Nín yào jiāo wǔbǎikuài qián yājīn
닌 야오 찌아오 우바이콰이 치엔 야찐

24. 아침식사는 몇 시부터 인가요?
早餐几点到几点?
Zǎocān jǐ diǎn dào jǐ diǎn
자오찬 지 디엔 따오 지 디엔

25. 7시부터 10시까지 입니다.
从七点到十点。
Cóng qī diǎn dào shí diǎn
총 치 디엔 따오 슬 디엔

26. 와이파이 비밀번호는요?
Wifi密码是多少?
Wifi mìmǎ shì duōshao
Wifi 미마 쓸 뚜어샤오

27. 이것이 와이파이 비밀번호입니다.
这是 Wifi 密码。
Zhè shì Wifi mìmǎ
쩌 쓸 Wifi 미마

28. 8층에 도착했습니다.
八层到了。
Bā céng dào le
빠 청 따오 러

29. 여보세요, 여기 806호입니다.
喂, 这里是806号房间。
Wéi zhèli shì bālíngliù hào fángjiān
웨이 쩌리 쓸 빠링리우 하오 팡찌엔

30. 침대 시트 바꿔주세요.
请换一下床单。
Qǐng huàn yíxià chuángdān
칭 환 이씨아 추앙딴

단어
회화

三

편의점 + 지하철

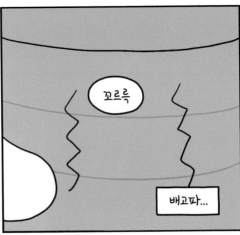

꼬르륵

배고파...

음.. 점심을 먹기엔 애매하고
저녁까지는 시간이 좀 남고..

?

편의점에 가면 되지!

1 이 근처에 편의점이 있나요?

这附近有便利店吗?
Zhè fùjìn yǒu biànlìdiàn ma
(쩌 푸진 요우 삐엔리띠엔 마)

2 2층에 있습니다.

在二楼。
Zài èr lóu
(짜이 얼 로우)

중국 편의점이라니!!
기대된다 꺄!!

3 어서 오세요.

欢迎光临。
Huānyíng guānglín
(환잉 꽝린)

와아~

으으.. 뭘 먹어야 하지?

잠깐만!

뭐가 이렇게 많아?

너로 정했다!

음료는...

뭐지 이건?

4 2개를 사면 2번째가 반값.

第二件半价。
Dì'èrjiàn bànjià
(띠얼찌엔 빤찌아)

하지만 아이스티로 결정!

음..

뭔가 빠진 것 같단 말이지..

맞다~ 디저트도 먹어야지~

블로그에서 보니까
이거 꿀맛이라던데

三。편의점+지하철

7) 봉투 필요하세요?

需要袋子吗?
Xūyào dàizi ma
(쒸야오 따이즈 마)

8) 필요 없습니다. 여기서 먹고 갈게요.

不需要。在这/儿吃。
Bùxūyào Zài zhèr chī
(뿌쒸야오 짜이 쩔 츠)

9) 모두 얼마예요?

一共多少钱?
Yígòng duōshao qián
(이꽁 뚜어샤오 치엔)

10) 모두 23위안입니다.

一共23块钱。
Yígòng èrshísānkuài qián
(이꽁 얼슬싼콰이 치엔)

11) QR코드 결제인가요, 아니면 현금인가요?

扫码还是现金?
Sǎomǎ háishi xiànjīn
(사오마 하이슬 씨엔찐)

12) 현금 결제할게요.

现金结账。
Xiànjīn jiézhàng
(씨엔찐 지에짱)

[QR코드 결제] 위챗페이 & 알리페이란?

중국은 QR코드가 매우 활성화되어 있어 일반 상점은 물론 노점상에도 QR코드 결제가 가능해요. 주로 위챗페이와 알리페이가 사용되죠. 매장에 있는 QR코드를 스캔하는 방법으로 쉽게 결제할 수 있지만, 사전에 은행 계좌 연동이 필요해서 여행객들의 이용은 쉽지 않아요.

위챗페이는 중국어로 '웨이씬쯔푸
(微信支付, wēixìn zhīfù)',
알리페이는 중국어로 '쯔푸바오
(支付宝, zhīfùbǎo)'라고 하니
참고해주세요.

중국에서의 첫 끼를 기념하며

찰칵

찰칵

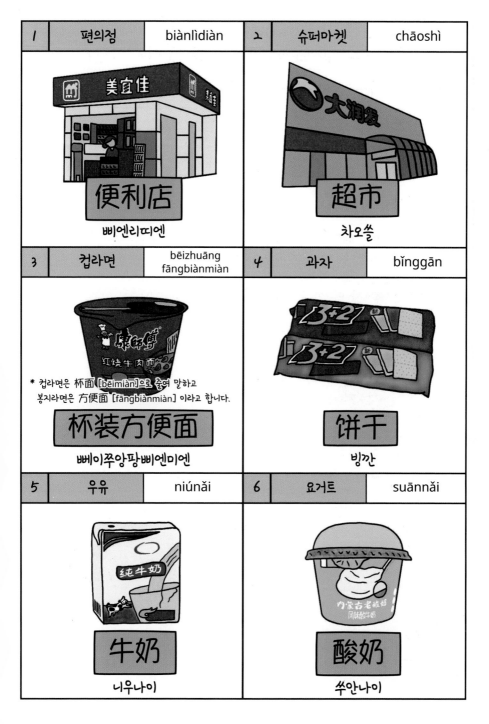

| 1 | 편의점 | biànlìdiàn | 2 | 슈퍼마켓 | chāoshì |

便利店
삐엔리띠엔

超市
차오쓰

| 3 | 컵라면 | bēizhuāng fāngbiànmiàn | 4 | 과자 | bǐnggān |

* 컵라면은 杯面 [bēimiàn]으로 줄여 말하고
봉지라면은 方便面 [fāngbiànmiàn] 이라고 합니다.

杯装方便面
삐에이쭈앙팡삐엔미엔

饼干
빙깐

| 5 | 우유 | niúnǎi | 6 | 요거트 | suānnǎi |

牛奶
니우나이

酸奶
쑤안나이

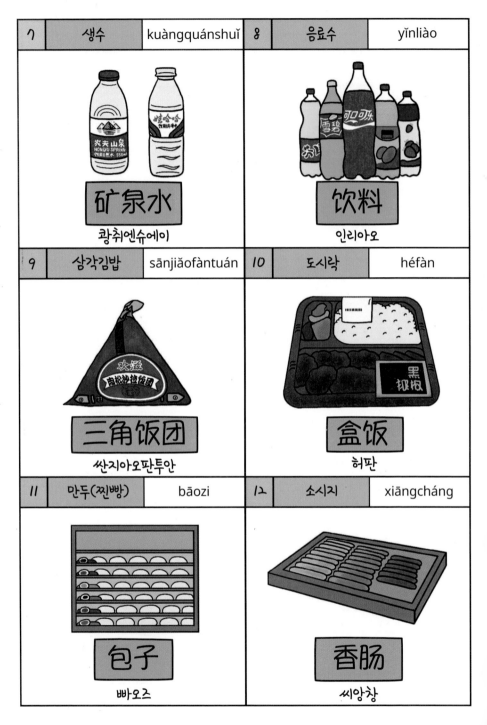

| 7 | 생수 | kuàngquánshuǐ | 8 | 음료수 | yǐnliào |

矿泉水

쾅취엔슈에이

饮料

인리아오

| 9 | 삼각김밥 | sānjiǎofàntuán | 10 | 도시락 | héfàn |

三角饭团

싼지아오판투안

盒饭

허판

| 11 | 만두(찐빵) | bāozi | 12 | 소시지 | xiāngcháng |

包子

빠오즈

香肠

씨앙창

13	(일본식)어묵	guāndōngzhǔ	14	찻잎 달걀	cháyèdàn

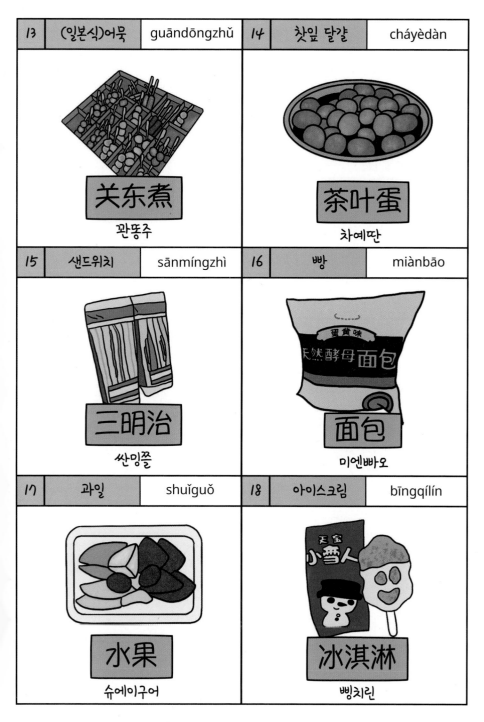

关东煮

꽌똥주

茶叶蛋

차예딴

15	샌드위치	sānmíngzhì	16	빵	miànbāo

蛋黄味

天然酵母 **面包**

三明治

싼밍쯜

面包

미엔빠오

17	과일	shuǐguǒ	18	아이스크림	bīngqílín

天宝 **小雪人**

水果

슈에이구어

冰淇淋

삥치린

19	껌	kǒuxiāngtáng	20	초콜릿	qiǎokèlì

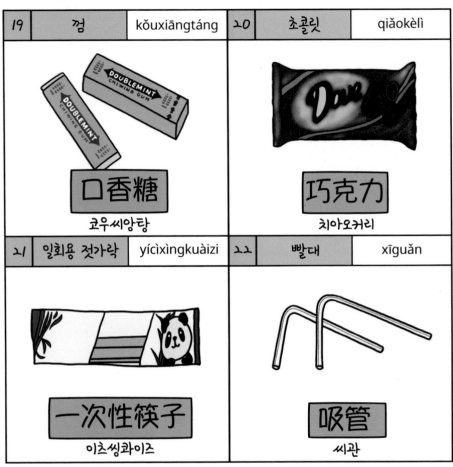

口香糖	巧克力
코우씨앙탕	치아오커리

21	일회용 젓가락	yícìxìngkuàizi	22	빨대	xīguǎn

一次性筷子	吸管
이츠씽콰이즈	씨관

* 컵라면, 도시락 등에 일회용 포크가 들어있어 나무젓가락은 별도 제공되지 않습니다.

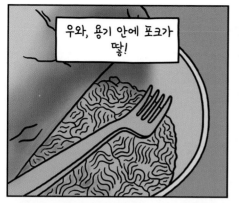

우와, 용기 안에 포크가 딱!

요렇게 고정해두고~

라면 익는 동안 달걀을 먹어볼까?

많이 짜려나?

오~ 한 번에 쓱 벗겨지네.

13 싸고 맛있어!

又便宜又好吃!
Yòu piányi yòu hǎochī
(요우 피엔이 요우 하오츨)

찻잎 향이 은은하게 배어있어.
요거 요거, 완전 추천!!

자, 이제 컵라면을 먹어볼까?
오~ 새우탕과 튀김우동을 합친 맛이야.

三。편의점+지하철

아유~ 잘 먹었다.

저녁에 다시 들러서,
맥주랑 안줏거리 좀 사 가야지~

빵빵

| 23 | 주류 | jiǔshuǐ | 24 | 마라맛 땅콩 | málà huāshēng |

酒水

지우슈에이

麻辣花生

마라화썽

25	해바라기씨	guāzi	26	피스타치오	kāixīnguǒ

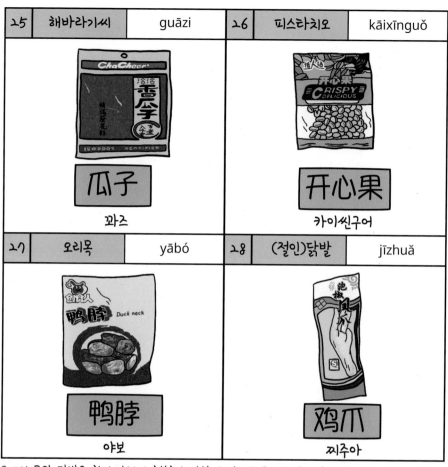

25	瓜子 꽈즈	26	开心果 카이씬구어

27	오리목	yābó	28	(절인)닭발	jīzhuǎ

27	鸭脖 야보	28	鸡爪 찌주아

* 오리 목과 닭발은 향이 강해서 호불호가 갈릴 수 있지만 중독성 있는 맛이니 한번 도전해보십시오.

14 다음에 다시 올게요.
我下次再来。
Wǒ xiàcì zài lái
(워 씨아츠 짜이 라이)

뜨아, 빨리 가야겠다.
이러다 해 떨어지겠어...

숙소랑 지하철역이
가까워서 좋다.

저기다!

1회용 패스 구입
도전!!

3호선 누르고

영어로 해도 되지만
중국에 왔으니 중국어로!!

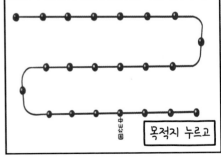

목적지 누르고

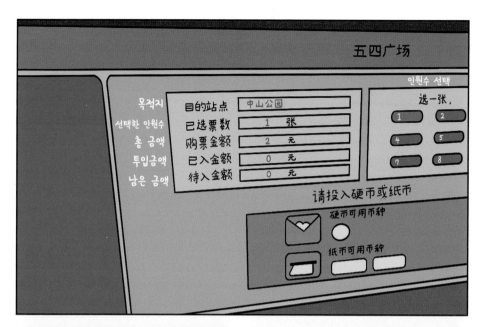

三。편의점+지하철

성공!!

엇! 이건 뭐지?
지하철에서도 보안 검사를 하네.

안전도 좋지만 좀 번거롭군.

중국의 지하철

중국 지하철은 역마다 보안 검색대가 있어 매번 짐 검사를 해야 해요.
액체류는 꺼내서 따로 검사하기도 하니 참고하세요.

교통카드는 1회용 교통카드와 충전식 교통카드로 나뉘는데, 1회용 교통카드는
지하철역에서 구입할 수 있어요.
충전식 교통카드는 정해진 역에서만 구매가 가능하고, 가격에 따라 디자인이
달라요. 한 번 구입해 두면, 충전은 어디서나 가능해요.

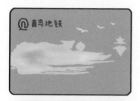

〈1회용 교통카드〉

〈충전식 교통카드〉

일부 도시는 단기 여행객을 위해 1일권, 3일권 등의 기간 제한 교통카드를 판매해요.

〈상하이 3일권〉

첫 태그 후 72시간 사용. 45위안

〈광저우 3일권〉

첫 태그 후 72시간 사용. 50위안

일정과 동선을 꼼꼼히 따져 본 후,
합리적으로 구입하세요.

삑

2017년에 개통되었다더니, 엄청 깨끗하네.

29	지하철	dìtiě	30	무인 매표	zìdòngshòupiào

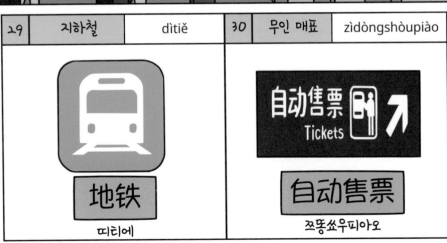

地铁

띠티에

自动售票
Tickets

自动售票

쯔똥쑈우피아오

31	편도 표	dānchéngpiào	32	1일권/3일권	yírìpiào/sānrìpiào

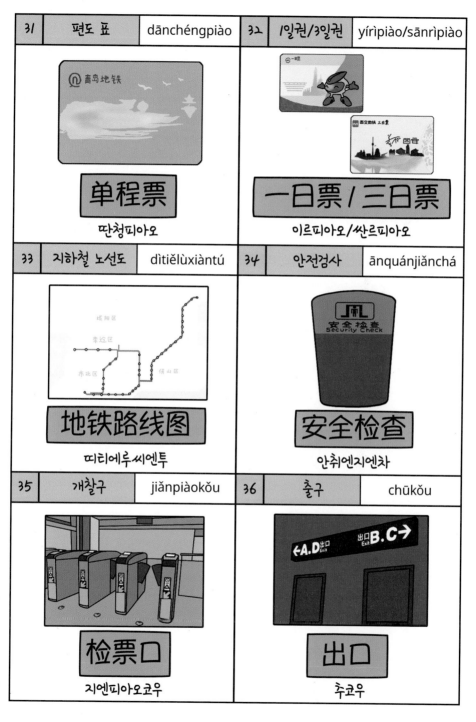

31	편도 표	dānchéngpiào

单程票

딴청피아오

32	1일권/3일권	yírìpiào/sānrìpiào

一日票 / 三日票

이르피아오/싼르피아오

33	지하철 노선도	dìtiělùxiàntú

地铁路线图

띠티에루씨엔투

34	안전검사	ānquánjiǎnchá

安全检查

안취엔지엔차

35	개찰구	jiǎnpiàokǒu

检票口

지엔피아오코우

36	출구	chūkǒu

出口

추코우

어느 쪽에서 타야 하지?

3 号线 往青岛站
Line 3

이쪽이다.

15 열차가 들어오고 있습니다.

列车马上就要进站了。
Lièchē mǎshàng jiùyào jìnzhàn le
(리에처 마쌍 찌우야오 찐짠 러)

생각보다 붐비지 않네.
앉아가니까 좋다.

얼마나 걸리는 거지?

세 정거장만 가면 되는구나.

쫑긋!

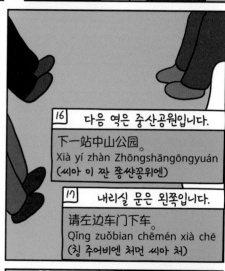

16 다음 역은 중산공원입니다.

下一站中山公园。
Xià yí zhàn Zhōngshāngōngyuán
(씨아 이 짠 쫑샨꽁위엔)

17 내리실 문은 왼쪽입니다.

请左边车门下车。
Qǐng zuǒbian chēmén xià chē
(칭 주어비엔 처먼 씨아 처)

내리자!

삐~~

삐삑

三。편의점+지하철

왜 안 되지?

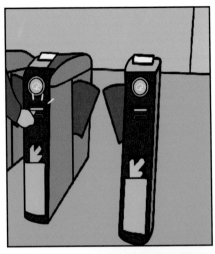

아.. 나갈 때는 넣는 거였구나.

슈슝~

* 1회용 카드는 투입구에 넣어야 개찰구가 열리므로 기념품으로 가져갈 수 없습니다.

B/C

여기 있다. B번 출구!!!!

택시
出租车
[chūzūchē] 추쭈처

지하철
地铁
[dìtiě] 띠티에

버스
公共汽车 [gōnggòngqìchē] 꽁꽁치처
公交车 [gōngjiāochē] 꽁찌아오처

시외버스/장거리버스
长途汽车
[chángtúqìchē] 창투치처

공항 리무진
机场巴士
[jīchǎngbāshì] 찌창빠쓸

기차
火车
[huǒchē] 후어처

자전거
自行车
[zìxíngchē] 쯔싱처

도보
走路
[zǒulù] 조우루

편의점 + 지하철

단어 회학

单词·会话 VOCABULARY·CONVERSATION

3-1 편의점에서 주요 단어

1. 편의점 便利店
   [biànlìdiàn] 삐엔리띠엔

2. 슈퍼마켓 超市
   [chāoshì] 차오쓸

3. 컵라면 杯装方便面
   [bēizhuāngfāngbiànmiàn]
   삐이쭈앙팡삐엔미엔

4. 과자 饼干
   [bǐnggān] 빙깐

5. 우유 牛奶
   [niúnǎi] 니우나이

6. 요거트 酸奶
   [suānnǎi] 쑤안나이

7. 생수 矿泉水
   [kuàngquánshuǐ] 쾅취엔슈에이

8. 음료수 饮料
   [yǐnliào] 인리아오

9. 삼각김밥 三角饭团
   [sānjiǎofàntuán] 싼지아오판투안

10. 도시락 盒饭
    [héfàn] 허판

11. 만두(찐빵) 包子
    [bāozi] 빠오즈

12. 소시지 香肠
    [xiāngcháng] 씨앙창

13. (일본식)어묵 关东煮
    [guāndōngzhǔ] 꽌똥주

14. 찻잎 달걀 茶叶蛋
    [cháyèdàn] 차예딴

15. 샌드위치 三明治
    [sānmíngzhì] 싼밍쯸

16. 빵 面包
    [miànbāo] 미엔빠오

17. 과일 水果
    [shuǐguǒ] 슈에이구어

18. 아이스크림 冰淇淋
    [bīngqílín] 삥치린

19. 껌 口香糖
    [kǒuxiāngtáng] 코우씨앙탕

20. 초콜릿 巧克力
    [qiǎokèlì] 치아오커리

21. 일회용 젓가락 一次性筷子
    [yícìxìng kuàizi] 이츠씽콰이즈

22. 빨대 吸管
    [xīguǎn] 씨관

23. 주류 酒水
    [jiǔshuǐ] 지우슈에이

24. 마라맛 땅콩 麻辣花生
    [málà huāshēng] 마라화썽

25. 해바라기씨 瓜子
    [guāzǐ] 꽈즈

26. 피스타치오 开心果
    [kāixīnguǒ] 카이씬구어

27. 오리목 鸭脖
    [yābó] 야보

28. (절인)닭발 鸡爪
     [jīzhuǎ] 찌주아

호텔 프런트 & 편의점 실전 회화

1. 이 근처에 편의점이 있나요?
   这附近有便利店吗?
   Zhè fùjìn yǒu biànlìdiàn ma
   쩌 푸찐 요우 삐엔리띠엔 마

2. 2층에 있습니다.
   在二楼。
   Zài èr lóu
   짜이 얼 로우

3. 어서 오세요.
   欢迎光临。
   Huānyíng guānglín
   환잉 꽝린

4. 2개를 사면 2번째가 반값.
   第二件半价。
   Dì`èrjiàn bànjià
   띠얼찌엔 빤찌아

5. 1+1
   买一送一
   Mǎiyīsòngyī
   마이이쏭이

6. 찻잎 달걀 하나 주세요.
   请给我一个茶叶蛋。
   Qǐng gěi wǒ yí ge cháyèdàn
   칭 게이 워 이 거 차예딴

7. 봉투 필요하세요?
   需要袋子吗?
   Xūyào dàizi ma
   쒸야오 따이즈 마

8. 필요 없습니다. 여기서 먹고 갈게요.
   不需要。在这儿吃。
   Bùxūyào zài zhèr chī
   뿌쒸야오 짜이 쩔 츨

9. 모두 얼마예요?
   一共多少钱?
   Yígòng duōshao qián
   이꽁 뚜어샤오 치엔

10. 모두 23위안입니다.
    一共二十三块钱。
    Yígòng èrshísānkuài qián
    이꽁 얼슬싼콰이 치엔

11. QR코드 결제인가요, 아니면 현금인가요?
    扫码还是现金?
    Sǎomǎ háishi xiànjīn
    사오마 하이슬 씨엔찐

12. 현금 결제할게요.
    现金结账。
    Xiànjīn jiézhàng
    씨엔찐 지에짱

13. 싸고 맛있어!
    又便宜又好吃!
    Yòu piányi yòu hǎochī
    요우 피엔이 요우 하오츨

14. 다음에 다시 올게요.

我下次再来。

Wǒ xiàcì zài lái

워 씨아츠 짜이 라이

3-2 지하철 역 & 지하철에서

주요 단어

29. 지하철 地铁

[dìtiě] 띠티에

30. 무인 매표 自动售票

[zìdòngshòupiào] 쯔똥쑈피아오

31. 편도 표 单程票

[dānchéngpiào] 딴청피아오

32. 1일권/3일권 一日票/三日票

[yírìpiào/sānrìpiào]

이르피아오/싼르피아오

33. 지하철 노선도 地铁路线图

[dìtiělùxiàntú] 띠티에루씨엔투

34. 안전검사 安全检查

[ānquánjiǎnchá] 안취엔지엔차

35. 개찰구 检票口

[jiǎnpiàokǒu] 지엔피아오코우

36. 출구 出口

[chūkǒu] 추코우

지하철 주요 안내방송

15. 열차가 들어오고 있습니다.

列车马上就要进站了。

Lièchē mǎshàng jiùyào jìnzhàn le

리에처 마쌍 찌우야오 찐짠 러

16. 다음 역은 중산공원입니다.

下一站中山公园。

Xià yí zhàn zhōngshāngōngyuán

씨아 이 짠 쫑쌴꽁위엔

17. 내리실 문은 왼쪽입니다.

请左边车门下车。

Qǐng zuǒbian chēmén xià chē

칭 주어비엔 처먼 씨아 처

단어
회화

四

시내투어＋식당

중산공원 도착!

1 말씀 좀 물을게요. 입장권 안 사도 되나요?

请问一下，不用买门票吗?
Qǐngwèn yíxià búyòng mǎi ménpiào ma
(칭 원 이씨아 부용 마이 먼피아오 마)

2 공짜예요!

是免费的!
Shì miǎnfèi de
(쓸 미엔페이 더)

어머~!

분수도 나오고, 환영 받는 느낌이야~~

쓱쓱

엇! 무슨 소리지?

오 이게 말로만 듣던 광장 댄스?
흥겹도다!

장기 두는 어르신도 많고

다양한 취미 생활의 집합소 같아.

검술 연습도 하네.

앗, 태극권이다.
나도 한번 따라 해볼까?

열심

열심

♪ ♪

3 정말 대단해요!

真厉害!
Zhēn lìhai
(쩐 리하이)

잉? 요건 뭐지?

1	공원	gōngyuán

公园
꽁위엔

2	안내도	shìyìtú

示意图
쓸이투

3	분수대	pēnshuǐchí

喷水池
펀슈에이츨

4	자전거 대여	zūzìxíngchē

* 자전거를 单车 [dānchē] 라고도 합니다.

租自行车
쭈쯔싱처

5	연날리기	fàngfēngzheng

放风筝
팡펑정

6	제기차기	tījiànzi

踢毽子
티찌엔즈

7	광장 댄스	guǎngchǎngwǔ	8	태극권	tàijíquán

7	광장 댄스	guǎngchǎngwǔ
	广场舞	
	광창우	

8	태극권	tàijíquán
	太极拳	
	타이지취엔	

9	강아지 산책	liùgǒu
	遛狗	
	리우고우	

10	땅에 글쓰기	dìshū
	地书	
	띠쓔	

11	장기	xiàqí
	下棋	
	씨아치	

12	카드게임	wánzhǐpái
	玩纸牌	
	완즐파이	

13	옥수수	yùmǐ	14	밤	lìzi

玉米

위미

栗子

리즈

15	솜사탕	miánhuātáng	16	탕후루	tánghúlu

棉花糖

미엔화탕

糖葫芦

탕후루

어서오세요
환잉꽝린(欢迎光临)

17 몇 분이세요?

你们几位?
Nǐmen jǐ wèi
(니먼 지 웨이)

18 두 명이요.

两个人。
Liǎng ge rén
(량 거 런)

19 원하는 곳에 앉으세요.

请随便坐。
Qǐng suíbiàn zuò
(칭 수에이삐엔 쭈어)

헐... 메뉴판에 그림이 없잖아!!

四。시내투어+식당

훗 이럴 줄 알고 준비했지!

쓰윽

따란~!

《빠오즈메이의 중국어 메뉴판 마스터》

튜브 고추장 없이는 중국 여행이 힘든 당신,
여행 내내 볶음밥만 드신 당신께 바칩니다.

서둘러 구매하세요
안 사면 손해
중국 여행의 든든 필수품

와우,
대박

어머!
이건 사야해~

| 17 | 매콤 가재 볶음 | málàlóngxiā | 18 | 달걀 볶음밥 | dànchǎofàn |

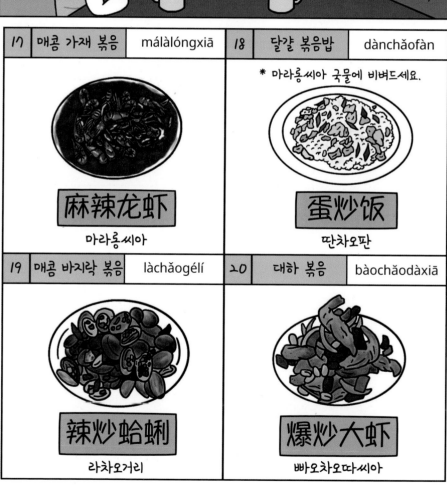

* 마라롱씨아 국물에 비벼드세요.

麻辣龙虾
마라롱씨아

蛋炒饭
딴차오판

| 19 | 매콤 바지락 볶음 | làchǎogélí | 20 | 대하 볶음 | bàochǎodàxiā |

辣炒蛤蜊
라차오거리

爆炒大虾
빠오차오따씨아

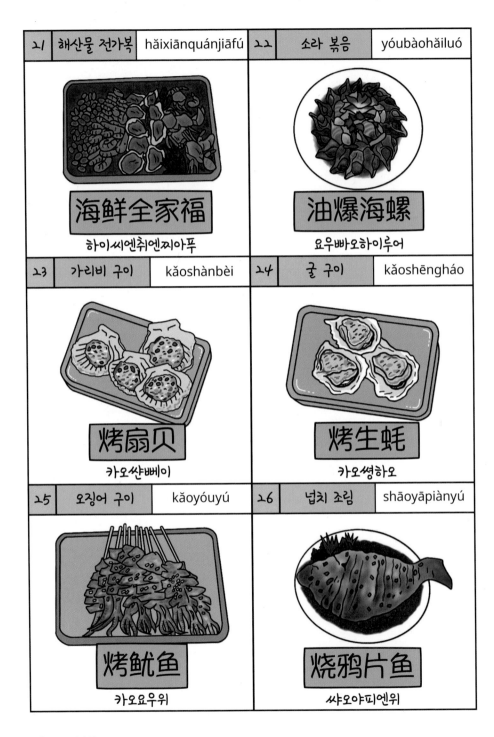

| 21 | 해산물 전가복 | hǎixiānquánjiāfú | 22 | 소라 볶음 | yóubàohǎiluó |

海鲜全家福
하이씨엔취엔찌아푸

油爆海螺
요우빠오하이루어

| 23 | 가리비 구이 | kǎoshànbèi | 24 | 굴 구이 | kǎoshēngháo |

烤扇贝
카오쌴뻬이

烤生蚝
카오썽하오

| 25 | 오징어 구이 | kǎoyóuyú | 26 | 넙치 조림 | shāoyāpiànyú |

烤鱿鱼
카오요우위

烧鸦片鱼
쌰오야피엔위

* 칭다오 외 지역의 다양한 먹거리는 《빠오즈메이의 중국어 메뉴판 마스터》를 참고하시기 바랍니다.

1공장 맥주는

첫째,

병 밑부분이 볼록해요.

둘째,

상표 부분의
물결 2개 찾으셨나요?

셋째,

제조일자만
잘 보셔도 된답니다.

2019 0726
01 1 04:06

1번 공장, 1번 제조에서
4시 6분에 만든 맥주

무엇보다, 1공장 맥주는 칭다오에서만
맛볼 수 있으니 마침 칭다오에 오셨다면 외쳐보세요.

一厂的 [yīchǎng de] (이창더)
1공장 것으로 주세요.

29	(1공장) 청도맥주	(yīchǎng) qīngdǎopíjiǔ	30	병맥주	píngzhuāngpíjiǔ

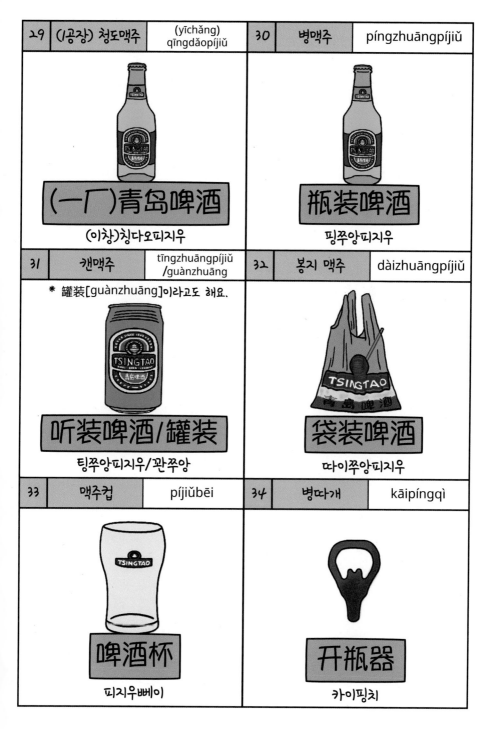

(一厂)青岛啤酒

(이창)칭다오피지우

瓶装啤酒

핑쭈앙피지우

31	캔맥주	tīngzhuāngpíjiǔ /guànzhuāng	32	봉지 맥주	dàizhuāngpíjiǔ

* 罐装[guànzhuāng]이라고도 해요.

听装啤酒/罐装

팅쭈앙피지우/꽌쭈앙

袋装啤酒

따이쭈앙피지우

33	맥주컵	píjiǔbēi	34	병따개	kāipíngqì

啤酒杯

피지우뻬이

开瓶器

카이핑치

빠오즈메이`s 꿀팁

마라롱씨아 소스에 볶음밥을
비벼 먹거나
물만두(水饺슈에이지아오)를
추가 주문하셔서 찍어드셔도
정~말 맛있어요.

정말 맛있어요.

真好吃。
Zhēn hǎochī
(쩐 하오츨)

근데 다음엔 조금만 덜 맵게 먹어야겠어.

| 35 | 조금 매운맛 | wēilàde | 36 | 매우 매운맛 | chāolàde |

微辣的

웨이라더

超辣的

차오라더

| 37 | 단맛 | tiánde | 38 | 쓴맛 | kǔde |

甜的

티엔더

苦的

쿠더

39	신맛	suānde	40	짠맛	xiánde

酸的
쑤안더

咸的
시엔더

41	담백한 맛	qīngdànde	42	기름진 맛	yóunìde

清淡的
칭딴더

油腻的
요우니더

43	독특한 맛	dútède	44	못 먹을 맛	nánchīde

独特的
두터더

难吃的
난츨더

* 더 공손하게 "제가 한 잔 올릴게요."라고 하려면 "我敬您一杯。[wǒ jìng nǐ yì bēi] 워 찡닌 이 뻬이"

ㄴ0분 후

ㄴ9 계산이요.

买单。
Mǎidān
(마이딴)

고마워요~
씨에시에(谢谢)

30 아이고, 고맙긴요(어려워 말아요).

哎呦，别客气。
Āiyōu bié kèqì
(아이요우 비에커치)

1 一 [yī] 이		2 二 [èr] 얼
3 三 [sān] 싼		4 四 [sì] 쓰
5 五 [wǔ] 우		6 六 [liù] 리우
7 七 [qī] 치		8 八 [bā] 빠
9 九 [jiǔ] 지우		10 十 [shí] 슬

시내투어+식당

단어
회화

4-1 공원에서 주요 단어

1. 공원 公园
   [gōngyuán] 꽁위엔

2. 안내도 示意图
   [shìyìtú] 쓸이투

3. 분수대 喷水池
   [pēnshuǐchí] 펀슈에이츨

4. 자전거 대여 租自行车
   [zūzìxíngchē] 쭈쯔싱처

5. 연날리기 放风筝
   [fàngfēngzheng] 팡펑정

6. 제기차기 踢毽子
   [tījiànzi] 티찌엔즈

7. 광장 댄스 广场舞
   [guǎngchǎngwǔ] 광창우

8. 태극권 太极拳
   [tàijíquán] 타이지취엔

9. 강아지 산책 遛狗
   [liùgǒu] 리우고우

10. 땅에 글쓰기 地书
    [dìshū] 띠슈

11. 장기 下棋
    [xiàqí] 씨아치

12. 카드게임 玩纸牌
    [wánzhǐpái] 완즐파이

13. 옥수수 玉米
    [yùmǐ] 위미

14. 밤 栗子
    [lìzi] 리즈

15. 솜사탕 棉花糖
    [miánhuātáng] 미엔화탕

16. 탕후루 糖葫芦
    [tánghúlu] 탕후루

공원 실전 회화

1. 말씀 좀 물을게요. 입장권 안 사도 되나요?
   请问一下, 不用买门票吗?
   Qǐngwèn yíxià búyòng mǎi ménpiào ma
   칭 원 이씨아 부용 마이 먼피아오 마

2. 공짜예요!
   是免费的!
   Shì miǎnfèi de
   쓸 미엔페이 더

3. 정말 대단해요!
   真厉害!
   Zhēn lìhai
   쩐 리하이

4. 사진 찍어주실 수 있으신가요?
   可以帮我拍一张吗?
   Kěyǐ bāng wǒ pāi yì zhāng ma
   커이 빵 워 파이 이 짱 마

5. 이 버튼을 누르면 돼요.
   按这个就行。
   Àn zhège jiù xíng
   안 쩌거 찌우 싱

6. 자! 하나, 둘, 셋, 치즈~
   来! 一, 二, 三, 茄子~
   Lái Yī èr sān qiézi
   라이 이 얼 싼 치에즈

7. 이거면 될까요?
   这样可以吗?
   Zhèyàng kěyǐ ma
   쩌양 커이 마

8. 어디에서 오셨어요?
   你是从哪里来的?
   Nǐ shì cóng nǎlǐ lái de
   니 쓸 총 나리 라이 더

9. 저는 한국에서 왔어요.
   我是从韩国来的。
   Wǒ shì cóng Hánguó lái de
   워 쓸 총 한구어 라이 더

10. 저는 빠오즈메이라고 해요. 이름이 뭐예요?
    我叫包子妹。你叫什么名字?
    Wǒ jiào Bāozimèi Nǐ jiào shénme míngzi
    워 찌아오 빠오즈메이 니 찌아오 션머 밍쯔

11. 저는 왕하오예요. 만나서 반가워요.
    我叫王好。认识你很高兴。
    Wǒ jiào Wánghǎo rènshi nǐ hěn gāoxìng
    워 찌아오 왕하오 런슬 니 헌 까오씽

12. 우리 친구해요~
    我们做朋友吧。
    Wǒmen zuò péngyǒu ba
    워먼 쭈어 펑요우 바

13. 옥수수 드실래요?
    要不要吃玉米?
    Yàobuyào chī yùmǐ
    야오부야오 츨 위미

14. 아니에요. 가서 밥 먹을래요.
    不, 我要去吃饭。
    Bù wǒ yào qù chīfàn
    뿌 워 야오 취 츨판

15. 같이 식사해요!
    我们一起吃饭吧。
    Wǒmen yìqǐ chīfàn ba
    워먼 이치 츨판 바

16. 좋아요, 오늘은 제가 쓸게요!
    好, 今天我请客!
    Hǎo jīntiān wǒ qǐngkè
    하오 찐티엔 워 칭커

4-1 식당에서 [주요 단어]

17. 매콤 가재 볶음 麻辣龙虾
    [málàlóngxiā] 마라롱씨아

18. 달걀 볶음밥 蛋炒饭
    [dànchǎofàn] 딴차오판

19. 매콤 바지락 볶음 辣炒蛤蜊
    [làchǎogélí] 라차오거리

20. 대하 볶음 爆炒大虾
    [bàochǎodàxiā] 삐오차오따씨아

21. 해산물 전가복 海鲜全家福
    [hǎixiānquánjiāfú] 하이씨엔취엔찌아푸

22. 소라 볶음 油爆海螺
[yóubàohǎiluó] 요우빠오하이루어

23. 가리비 구이 烤扇贝
[kǎoshànbèi] 카오샨뻬이

24. 굴 구이 烤生蚝
[kǎoshēngháo] 카오썽하오

25. 오징어 구이 烤鱿鱼
[kǎoyóuyú] 카오요우위

26. 넙치 조림 烧鸦片鱼
[shāoyāpiànyú] 샤오야피엔위

27. 중국식 돼지 족발 酱猪蹄
[jiàngzhūtí] 찌앙쭈티

28. 뼈다귀탕 백반 排骨米饭
[páigúmǐfàn] 파이구미판

29. (1공장) 청도맥주 (一厂)青岛啤酒
[(yīchǎng) qīngdǎopíjiǔ]
(이창)칭다오피지우

30. 병맥주 瓶装啤酒
[píngzhuāngpíjiǔ] 핑쭈앙피지우

31. 캔맥주 听装啤酒/罐装
[tīngzhuāngpíjiǔ/guànzhuāng]
팅쭈앙피지우/꽌쭈앙

32. 봉지 맥주 袋装啤酒
[dàizhuāngpíjiǔ] 따이쭈앙피지우

33. 맥주컵 啤酒杯
[píjiǔbēi] 피지우뻬이

34. 병따개 开瓶器
[kāipíngqì] 카이핑치

35. 조금 매운맛 微辣的
[wēilàde] 웨이라더

36. 매우 매운맛 超辣的
[chāolàde] 차오라더

37. 단맛 甜的
[tiánde] 티엔더

38. 쓴맛 苦的
[kǔde] 쿠더

39. 신맛 酸的
[suānde] 쑤안더

40. 짠맛 咸的
[xiánde] 시엔더

41. 담백한 맛 清淡的
[qīngdànde] 칭딴더

42. 기름진 맛 油腻的
[yóunìde] 요우니더

43. 독특한 맛 独特的
[dútède] 두터더

44. 못 먹을 맛 难吃的
[nánchīde] 난츨더

식당(식사 자리) 실전 회화

17. 몇 분이세요?
你们几位?
Nǐmen jǐ wèi
니먼 지 웨이

18. 두 명이요.
两个人。
Liǎng ge rén
량 거 런

19. 원하는 곳에 앉으세요.
请随便坐。
Qǐng suíbiàn zuò
칭 수에이삐엔 쭈어

20. 칭다오 와서 꼭 먹어야 할 음식이 뭐예요?
到青岛必吃什么?
Dào Qīngdǎo bì chī shénme
따오 칭다오 삐 츨 션머

21. 저기요~ 주문할게요!
服务员~ 点菜!
Fúwùyuán diǎncài
푸우위엔 디엔차이

22. 더 필요하신 것은 없나요?
还需要别的吗?
Hái xūyào biéde ma
하이 쒸야오 비에더 마

23. 맥주 1병 주세요. 시원한 것으로요.
来一瓶青岛啤酒, 冰的。
Lái yì píng qīngdǎopíjiǔ bīngde
라이 이 핑 칭다오피지우 삥더

24. 정말 맛있어요.
真好吃!
Zhēn hǎochī
쩐 하오츨

25. 술 좀 하세요?
你会喝酒吗?
Nǐ huì hē jiǔ ma
니 후에이 허 지우 마

26. 조금요.
会一点儿。
Huì yìdiǎnr
후에이 이디알

27. 제가 한 잔 따라 드릴게요.
我给你倒一杯。
Wǒ gěi nǐ dào yì bēi
워 게이 니 따오 이 뻬이

28. 자~ 건배!
来~ 干杯!
Lái gānbēi
라이 깐뻬이

29. 계산이요.
买单。
Mǎidān
마이딴

30. 아이고, 고맙긴요(어려워 말아요).
哎呦, 别客气。
Àiyōu bié kèqì
아이요우 비에커치

종국인 친구 사귀기 실전 회화

31. 야경이 정말 예뻐요!
夜景真美!
Yèjǐng zhēn měi
예징 쩐 메이

32. 같이 한 장 찍어요.

   一起拍一张吧。

   Yìqǐ pāi yì zhāng ba

   이치 파이 이 짱 바

33. 위챗 하세요?

   你玩儿微信吗?

   Nǐ wánr wēixìn ma

   니 왈 웨이씬 마

34. 네, 저 친구 추가해 주세요.

   是的, 你加我吧!

   Shìde nǐ jiā wǒ ba

   쓸더 니 찌아 워 바

35. 오늘 정말 즐거웠어요.

   今天真的很开心。

   Jīntiān zhēnde hěn kāixīn

   찐티엔 쩐더 헌 카이씬

36. 우리 연락하고 지내요.

   我们保持联系吧。

   Wǒmen bǎochí liánxì ba

   워먼 바오츨 리엔씨 바

五

기차+교외투어

여기는 칭다오 기차역...

유럽은 안 가봤지만
뭔가 유럽같다.

표부터 사야지!!

어디가 빠를까?

기계는 사람이 적네.
저기서 사야겠어.

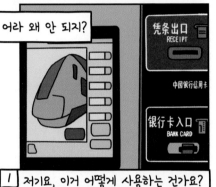

어라 왜 안 되지?

1 저기요, 이거 어떻게 사용하는 건가요?

先生, 这个怎么用?
Xiānsheng zhège zěnmeyòng
(씨엔셩 쩌거 전머용)

2 외국인은 무인발권기를 사용할 수 없습니다.

外国人不能用自动售票机。
Wàiguórén bùnéng yòng zìdòngshòupiàojī
(와이구어런 뿌넝 용 쯔똥쑈우피아오찌)

3 저쪽 매표소를 이용해주세요.

请去那边的售票处。
Qǐng qù nàbian de shòupiàochù
(칭 취 나비엔 더 쑈우피아오추)

五。기차+교외투어

* 외국인은 반드시 여권을 지참해야 합니다.
* 인터넷으로 표를 예매해도 창구에서 실물 티켓으로 바꿔야 합니다. 예약번호와 여권을 보여주며
  "我要取票。[wǒ yào qǔpiào] 워 야오 취피아오."라고 말하면 예약한 표를 수령할 수 있습니다.

4 타이안 가는 표를 사려고요.
我要买去泰安的票。
Wǒ yào mǎi qù Tài'ān de piào
(워 야오 마이 취 타이안 더 피아오)

5 신분증 주세요.
请给我身份证。
Qǐng gěi wǒ shēnfènzhèng
(칭 게이 워 션펀쩡)

6 어떤 열차로 원하세요?
您要哪种?
Nín yào nǎ zhǒng
(닌 야오 나 종)

7 고속 열차로 주세요.
我要高铁票。
Wǒ yào gāotiě piào
(워 야오 까오티에 피아오)

8 몇 시에 출발해요?
几点出发?
Jǐ diǎn chūfā
(지 디엔 추파)

9 7시 39분에 출발합니다.
七点三十九分出发。
Qī diǎn sānshíjiǔfēn chūfā
(치 디엔 싼슬지우펀 추파)

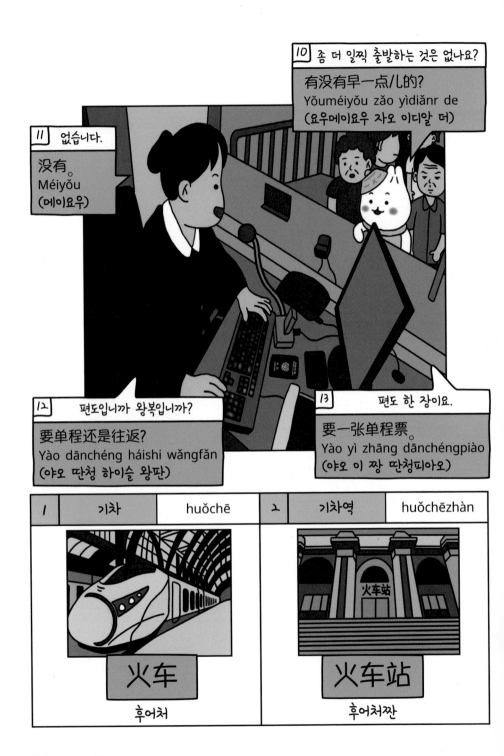

3	매표소	shòupiàochù	4	기차표 구매	mǎihuǒchēpiào

售票处

쑈피아오추

买火车票

마이후어처피아오

5	줄 서기	páiduì	6	편도 표/왕복 표	dānchéngpiào/ wǎngfǎnpiào

排队

파이뚜에이

单程票/往返票

딴청피아오/왕판피아오

7	온라인 예매	wǎngluòdìngpiào	8	티켓 수령	qǔpiào

网络订票

왕루어띵피아오

取票

취피아오

9	신분증	shēnfènzhèng	10	검표	jiǎnpiào

주민등록증
포 자 매 (包子妹)
180629-4※※※※※※
경기도 하남 우리네
2018.06
브레인스토어

身份证

썬펀쩡

检票

지엔피아오

11	매점	xiǎomàibù	12	대합실	hòuchēshì

小卖部

시아오마이뿌

候车室

호처쓸

13	플랫폼	zhàntái

站台

짠타이

다양한 좌석들도 좀 알아둘까?

14	푹신한 침대	ruǎnwò	15	딱딱한 침대	yìngwò

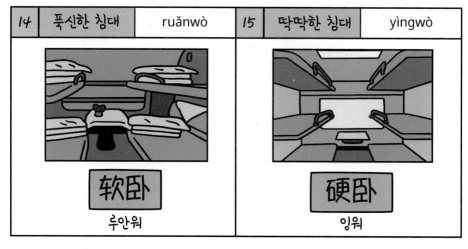

软卧
루안워

硬卧
잉워

침대 칸 맨 위는 上铺(쌍푸),
중간은 中铺(쭝푸),
아래는 下铺(씨아푸)라고 해요.

위로 올라갈수록 가격이 저렴해요.

레이블은 함께 사용하고,
침대 칸 바깥쪽 복도에는
앉을 수 있는 공간도 있어요.

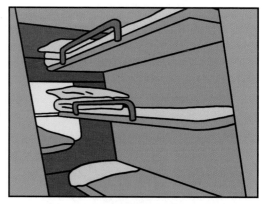

16	푹신한 좌석	ruǎnzuò	17	딱딱한 좌석	yìngzuò

软座
루안쭈어

硬座
잉쭈어

중국의 기차

중국 기차는 고속 열차와 일반 열차로 구분돼요.

먼저, 고속 열차는 세 종류가 있어요.

1. 高铁(까오티에): 최고 시속 350Km. 정차 역이 적어 제일 빠르죠.
2. 动车(뚱처): 최고 시속 250Km. 까오티에보다는 정차 역이 많아요.
3. 城际(청지): 가까운 도시 사이를 직통으로 연결해주는 단거리 전용 고속 열차에요. 베이징-톈진, 광저우-심천 구간이 대표적이죠.

일반 열차는 네 종류가 있어요.

1. 直达特快(즐다러콰이): 시속 160Km. 일반 열차 중 제일 빨라요. 주요 도시 위주로 정차하죠.
2. 特快(터콰이): 시속 140Km. 정차역이 조금 더 많아요.
3. 快速(콰이쑤): 시속 120Km. 한국의 무궁화호처럼 정차역이 많아요.
4. 普快(푸콰이): 비교적 가까운 거리만 운행하며 느리고 에어컨이 없는 경우도 있어요.

다음은 기차표에 있는 알파벳에 대해 알아봐요!
(빨간 동그라미 주목)

H880125   检票:7B
青岛   Ⓖ284次   泰安
qingdao   ➡   taian
2019年8月08日07：39开 03车 03号硬座
￥149元
限乘当月当次车
M20180629   baozimei

까오티에 = G
뚱처 = D
청지 = C
=============
즐다러콰이 = Z
터콰이 = T
콰이쑤 = K
푸콰이 = 4자리 숫자

(위부터 순서대로 고속열차 ➡ 일반열차)

请您核对一下。
Qǐng nín héduì yíxià
(칭 닌 허뚜에이 이씨아)

발권 완료.

앗, 태안 가는 기차 검표 시작했네.

중국은 기차역도 안전검사를 하는구나.

줄 서고, 발권하고, 짐 검사까지!!
생각보다 수속에 많은 시간이 걸려요.
출발 1시간 전에 역에 오셔서
여유 있게 승차 준비하세요~

五。기차+교외투어

표를 넣고

뽑으면,

따란~

* 역에 따라 QR코드를 스캔하는 경우도 있으니 앞사람 따라 하십시오.

기차 안은 어떨까?
두근두근

15 승객 여러분 안녕하십니까. 열차 탑승을 환영합니다.

各位旅客大家好, 欢迎乘坐本次列车。
Gèwèi lǚkè dàjiā hǎo huānyíng chéngzuò běncì lièchē
(꺼웨이 뤼커 따찌아 하오 환잉 청쭈어 번츠 리에처)

16 열차는 전열 금연입니다.

列车全列禁烟。
Lièchē quán liè jìnyān
(리에처 취엔 리에 찐옌)

17 즐거운 여행 되십시오!

祝您旅途愉快!
Zhù nín lǚtú yúkuài
(쭈 닌 뤼투 위콰이)

18 우와~ 엄청 빠르다!

哇, 真快啊!
Wā zhēn kuài a
(와 쩐 콰이 아)

19 기차표 보여주세요.
请出示火车票。
Qǐng chūshì huǒchēpiào
(칭 추쓸 후어처피아오)

검표를 또 하네.
티켓 잘 가지고 있어야 되겠구나.

20 다음 역은 본 열차의 종점인 태안 역입니다.
下一站是本次列车的终点站，泰安。
Xià yí zhàn shì běncì lièchēde zhōngdiǎnzhàn Tài'ān
(씨아 이 짠 쓸 번츠 리에처더 쫑디엔짠 타이안)

다 왔다.
소지품 잘 챙겨야지!

나갈 때도 표를 검사하는구나.

＊ 기차표는 나갈 때까지 버리지 마십시오. 분실 시, 표 값을 다시 지불해야 합니다.

드디어 태안 도착!

호객은 가볍게 지나쳐 주고,

바로 앞 버스 정류장으로 가자!

五。 기차+교외투어

K37번 버스를 타고
天外村(티엔와이춘)에서 하차하랬지.

천외촌으로 가는 버스인가요?

去天外村吗？
Qù Tiānwàicūn ma
(취 티엔와이춘 마)

이 버스다!

맞습니다. 얼른 타세요.

对，快上车吧。
Duì kuài shàng chē ba
(뚜에이 콰이 쌍 처 바)

요금 2元
와~ 진짜 싸다.

잔돈을 거슬러 주지 않으니
꼭 잔돈을 준비하세요~

내려야 해.

삑

23 비켜주세요. 내립니다.

让一下。我要下车。
Ràng yíxià Wǒ yào xià chē
(랑 이씨아 워 야오 씨아 처)

크으~ 경치 좋고

여기서부터 걷는 건 무리겠지?
일단 산 중턱까지 버스로 가자!

五。기차+교외투어

초간단 길 묻기

(찾고 싶은 장소) + 짜이 날?
= (장소)가 어디예요?

쏙쏙

줍줍

24 버스정류장이 어디예요?

公交车站在哪儿?
Gōngjiāochēzhàn zài nǎr
(꽁찌아오처짠 짜이 날)

18	버스	gōngjiāochē	19	정류장	chēzhàn

公交车

꽁찌아오처

车站

처짠

20	관광안내소	lǚyóu fúwùzhōngxīn	21	화장실	xǐshǒujiān/cèsuǒ

旅游服务中心

뤼요우푸우쫑씬

洗手间
TOILET

* 잘 안 외워지면 W.C를 활용하세요.
단, 더블유.씨가 아니라 따블류.씨

洗手间/厕所

시쇼우찌엔/처수어

찾았다.
티켓부터 사자.

가격이 생각보다 비싸네.

25 입장권과 버스표 1장 주세요.

我要一张门票和车票。
Wǒ yào yì zhāng ménpiào hé chēpiào
(워 야오 이 짱 먼피아오 허 처피아오)

157위안입니다.

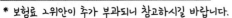

＊ 보험료 2위안이 추가 부과되니 참고하시길 바랍니다.

존재 여부 묻기

요우메이요우 + 갖고 싶은 물건
= ~ 있나요?

쏙쏙

줍줍

26 팸플릿 있나요?

有没有小册子?
Yǒuméiyǒu xiǎocèzi
(요우메이요우 시아오처즈)

售票处
①

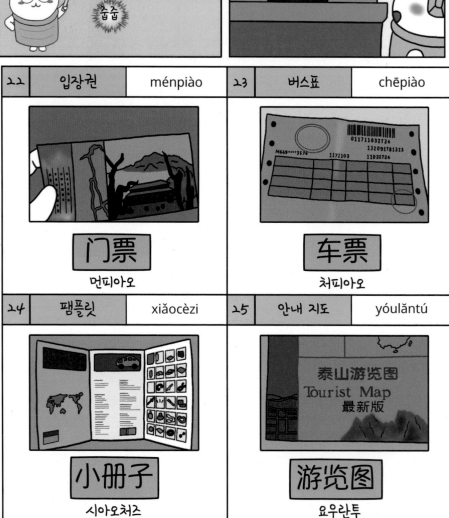

22	입장권	ménpiào	**23**	버스표	chēpiào

门票

먼피아오

车票

처피아오

24	팸플릿	xiǎocèzi	**25**	안내 지도	yóulǎntú

泰山游览图
Tourist Map
最新版

小册子

시아오처즈

游览图

요우란투

2O분 걸었는데, 왜 벌써 힘들지?

케이블카를 타?

타자!

100위안 덜덜

저녁을 싼 거 먹으면 돼!

정상아, 기다려라!

예예예!

五。 기차+교외투어

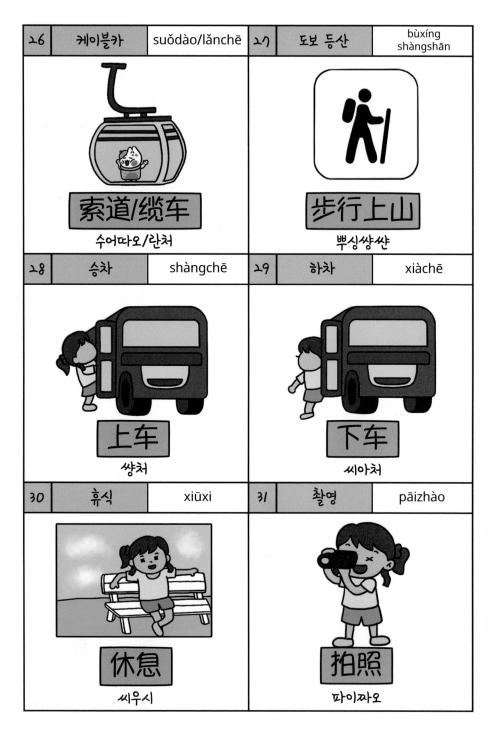

26	케이블카	suǒdào/lǎnchē	27	도보 등산	bùxíng shàngshān

索道/缆车
수어따오/란처

步行上山
뿌싱쌍싼

28	승차	shàngchē	29	하차	xiàchē

上车
쌍처

下车
씨아처

30	휴식	xiūxi	31	촬영	pāizhào

休息
씨우시

拍照
파이짜오

五。기차+교외투어

30분 뒤

헉

헉

ㄴ용 힘들어 죽겠다!

累死我了!
Lèi sǐ wǒ le
(레이 스 워 러)

으잉?

五嶽

5 YUAN

왜 다들 5위안을 들고 사진을 찍지?

여기가 거기, 이게 그거였어!!

5 YUAN

그럼 나도 한 장~!

五嶽獨尊

> 29 풍경이 정말 아름답다.
>
> 风景真美。
> Fēngjǐng zhēn měi
> (펑징 쪈 메이)

냐하~

아 맞다!

하늘과 가까운 곳에 왔으니...

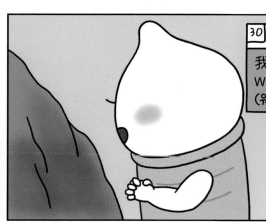

> 30 소원을 빌어야지!
>
> 我要许个愿!
> Wǒ yào xǔ ge yuàn
> (워 야오 쉬 거 위엔)

五嶽獨尊 (오악독존)
중국의 5대 명산 중,
오악 독존이라고 불리는 태산(泰山).
예로부터 성스럽게 여기던 산으로
진나라 시황제를 시작으로, 황제들은
이곳에서 하늘에 제사를 지냈다.

꾸르륵

아니.. 이것은..

너무 집중했나 봐.

No!!

31 화장실이 어디에 있나요?

洗手间在哪儿?
Xǐshǒujiān zài nǎr
(시쇼우찌엔 짜이 날)

32 오른쪽으로 가세요.

往右走。
Wǎng yòu zǒu
(왕 요우 조우)

고맙습니다.
씨에시에(谢谢)

32	앞으로 가시오	wǎngqiánzǒu	33	뒤로 가시오	wǎnghòuzǒu

往前走
왕치엔조우

往后走
왕호우조우

34	올라가시오	wǎngshàngzǒu	35	내려가시오	wǎngxiàzǒu

往上走
왕쌍조우

往下走
왕씨아조우

36	우측으로 가시오	wǎngyòuzǒu	37	좌측으로 가시오	wǎngzuǒzǒu

往右走
往左走
往右走
왕요우조우

往右走
往左走
往左走
왕주어조우

五。기차+교외투어

38	우회전하시오	wǎngyòuguǎi	39	좌회전하시오	wǎngzuǒguǎi

往右拐

왕요우과이

往左拐

왕주어과이

40	들어오시오	jìnlái	41	나가시오	chūqù

进来

찐라이

出去

추취

사뿐

사뿐

한결 가벼워진 몸으로 슬슬 내려가볼까?

미시오
推
[Tuī] 투에이

당기시오
拉
[Lā] 라

만지지 마시오
请勿触摸
[Qǐngwùchùmō] 칭우추모

쓰레기를 버리지 마시오
请勿乱扔垃圾
[Qǐngwùluànrēnglājī] 칭우루안렁라찌

흡연금지
禁止吸烟
[Jìnzhǐxīyān] 찐즐씨옌

진입금지
禁止入内
[Jìnzhǐrùnèi] 찐즐루네이

미끄럼주의
小心地滑
[Xiǎoxīndìhuá] 시아오씬띠화

추락주의
当心坠落
[Dāngxīnzhuìluò] 땅씬쭈에이루어

기차+교외투어

단어
회화

5-1 기차역&기차에서 主要 单어

1. 기차 火车
[huǒchē] 후어처

2. 기차역 火车站
[huǒchēzhàn] 후어처짠

3. 매표소 售票处
[shòupiàochù] 쑈피아오추

4. 기차표 구매 买火车票
[mǎihuǒchēpiào] 마이후어처피아오

5. 줄 서기 排队
[páiduì] 파이뚜에이

6. 편도 표/왕복 표 单程票/往返票
[dānchéngpiào/wǎngfǎnpiào]
딴청피아오/왕판피아오

7. 온라인 예매 网络订票
[wǎngluò dingpiào] 왕루어띵피아오

8. 티켓 수령 取票
[qǔpiào] 취피아오

9. 신분증 身份证
[shēnfènzhèng] 션펀쩡

10. 검표 检票
[jiǎnpiào] 지엔피아오

11. 매점 小卖部
[xiǎomàibù] 시아오마이뿌

12. 대합실 候车室
[hòuchēshì] 호처쓸

13. 플랫폼 站台
[zhàntái] 짠타이

14. 푹신한 침대 软卧
[ruǎnwò] 루안워

15. 딱딱한 침대 硬卧
[yìngwò] 잉워

16. 푹신한 좌석 软座
[ruǎnzuò] 루안쭈어

17. 딱딱한 좌석 硬座
[yìngzuò] 잉쭈어

기차역(티켓 구매) 실전 회화

1. 저기요, 이거 어떻게 사용하는 건가요?
先生, 这个怎么用?
xiānsheng zhège zěnmeyòng
씨엔셩 쩌거 전머용

2. 외국인은 무인발권기를 사용할 수 없습니다.
外国人不能用自动售票机。
Wàiguórén bùnéng yòng
zìdòngshòupiàojī
와이구어런 뿌넝 용 쯔똥쑈피아오찌

3. 저쪽 매표소를 이용해주세요.
请去那边的售票处。
Qǐng qù nàbian de shòupiàochù
칭 취 나비엔 더 쑈피아오추

4. 타이안 가는 표를 사려고요.
我要买去泰安的票。
Wǒ yào mǎi qù Tài'ān de piào
워 야오 마이 취 타이안 더 피아오

5. 신분증 주세요.
请给我身份证。
Qǐng gěi wǒ shēnfènzhèng
칭 게이 워 썬펀쩡

6. 어떤 열차로 원하세요?
您要哪种?
Nín yào nǎ zhǒng
닌 야오 나 종

7. 고속 열차로 주세요.
我要高铁票。
Wǒ yào gāotiě piào
워 야오 까오티에 피아오

8. 몇 시에 출발해요?
几点出发?
Jǐ diǎn chūfā
지 디엔 추파

9. 7시 39분에 출발합니다.
七点三十九分出发。
Qī diǎn sānshíjiǔfēn chūfā
치디엔 싼슬지우펀 추파

10. 좀 더 일찍 출발하는 것은 없나요?
有没有早一点儿的?
Yǒuméiyǒu zǎo yìdiǎnr de
요우메이요우 자오 이디알 더

11. 없습니다.
没有。
Méiyǒu
메이요우

12. 편도입니까 왕복입니까?
要单程还是往返?
Yào dānchéng háishi wǎngfǎn
야오 딴청 하이슬 왕판

13. 편도 한 장이요.
要一张单程票。
Yào yì zhāng dānchéngpiào
야오 이 짱 딴청피아오

14. 확인해보세요.
请您核对一下。
Qǐng nín héduì yíxià
칭 닌 허뚜에이 이씨아

기차 안내방송 및 실전 회화

15. 승객 여러분 안녕하십니까. 열차 탑승을 환영합니다.
各位旅客大家好, 欢迎乘坐本次列车。
Gèwèi lǚkè dàjiāhǎo huānyíng chéngzuò běncì lièchē
꺼웨이 뤼커 따찌아 하오 환잉 청쭈어 번츠 리에처

16. 열차는 전열 금연입니다.
列车全列禁烟。
Lièchē quán liè jìnyān
리에처 취엔 리에 찐옌

17. 즐거운 여행 되십시오!
祝您旅途愉快!
Zhù nín lǚtú yúkuài
쭈 닌 뤼투 위콰이

단어
회화

18. 우와~ 엄청 빠르다!
哇, 真快啊!
Wā zhēn kuài a
와 쩐 콰이 아

19. 기차표 보여주세요.
请出示火车票。
Qǐng chūshì huǒchēpiào
칭 추쓸 후어처피아오

20. 다음 역은 본 열차의 종점인 태안 역입니다.
下一站是本次列车的终点站, 泰安。
Xià yí zhàn shì běncì lièchēde
zhōngdiǎnzhàn Tài'ān
씨아 이 짠 쓸 번츠 리에처더 쫑디엔짠
타이안

5-2 교외 관광지 주요 단어

18. 버스 公交车
[gōngjiāochē] 꽁찌아오처

19. 정류장 车站
[chēzhàn] 처짠

20. 관광안내소 旅游服务中心
[lǚyóufúwùzhōngxīn] 뤼요우푸우쫑신

21. 화장실 洗手间/厕所
[Xǐshǒujiān/cèsuǒ] 시쇼우찌엔/처수어

22. 입장권 门票
[ménpiào] 먼피아오

23. 버스표 车票
[chēpiào] 처피아오

24. 팸플릿 小册子
[xiǎocèzi] 시아오처즈

25. 안내 지도 游览图
[yóulǎntú] 요우란투

26. 케이블카 索道/缆车
[suǒdào/lǎnchē] 수어따오/란처

27. 도보 등산 步行上山
[bùxíng shàngshān] 뿌싱쌍싼

28. 승차 上车
[shàngchē] 쌍처

29. 하차 下车
[xiàchē] 씨아처

30. 휴식 休息
[xiūxi] 씨우시

31. 촬영 拍照
[pāizhào] 파이짜오

32. 앞으로 가시오 往前走
[wǎngqiánzǒu] 왕치엔조우

33. 뒤로 가시오 往后走
[wǎnghòuzǒu] 왕호우조우

34. 올라가시오 往上走
[wǎngshàngzǒu] 왕쌍조우

35. 내려가시오 往下走
[wǎngxiàzǒu] 왕씨아조우

36. 우측으로 가시오 往右走
[wǎngyòuzǒu] 왕요우조우

37. 좌측으로 가시오 往左走
[wǎngzuǒzǒu] 왕주어조우

38. 우회전하시오 往右拐
[wǎngyòuguǎi] 왕요우과이

39. 좌회전하시오 往左拐
[wǎngzuǒguǎi] 왕주어과이

40. 들어오시오 进来
[jìnlái] 찐라이

41. 나가시오 出去
[chūqù] 추취

교외 관광지 실전 회화

21. 천외촌으로 가는 버스인가요?
去天外村吗?
Qù Tiānwàicūn ma
취 티엔와이춘 마

22. 맞습니다. 얼른 타세요.
对, 快上车吧。
Duì kuài shàng chē ba
뚜에이 콰이 쌍 처 바

23. 비켜주세요. 내립니다.
让一下。我要下车。
Ràng yíxià wǒ yào xià chē
랑 이씨아 워 야오 씨아 처

24. 버스정류장이 어디예요?
公交车站在哪儿?
Gōngjiāochēzhàn zài nǎr
꽁찌아오처짠 짜이 날

25. 입장권과 버스표 1장 주세요.
我要一张门票和车票。
Wǒ yào yì zhāng ménpiào hé chēpiào
워 야오 이 짱 먼피아오 허 처피아오

26. 팸플릿 있나요?
有没有小册子?
Yǒuméiyǒu xiǎocèzǐ
요우메이요우 시아오처즈

27. 힘내자!
加油!
Jiāyóu
찌아요우

28. 힘들어 죽겠다!
累死我了!
Lèi sǐ wǒ le
레이 스 워 러

29. 풍경이 정말 아름답다.
风景真美。
Fēngjǐng zhēn měi
펑징 쩐 메이

30. 소원을 빌어야지!
我要许个愿!
Wǒ yào xǔ ge yuàn
워 야오 쉬 거 위엔

31. 화장실이 어디에 있나요?
洗手间在哪儿?
Xǐshǒujiān zài nǎr
시쇼찌엔 짜이 날

32. 오른쪽으로 가세요.
往右走。
Wǎng yòu zǒu
왕 요우 조우

단어
회화

六

쇼핑＋패스트푸드

여기는 타이둥루

멋진 벽화에

야시장까지

왠지 만족스러운 쇼핑이 될 것 같아.

노점상부터 구경해볼까?

1 이거 어떻게 팔아요?

这个怎么卖?
Zhège zěnme mài
(쩌거 전머 마이)

냉장고 자석이다.

4개는 너무 많은데..

2 4개에 30위안입니다.

四个三十块。
Sì ge sānshíkuài
(쓰 거 싼슬콰이)

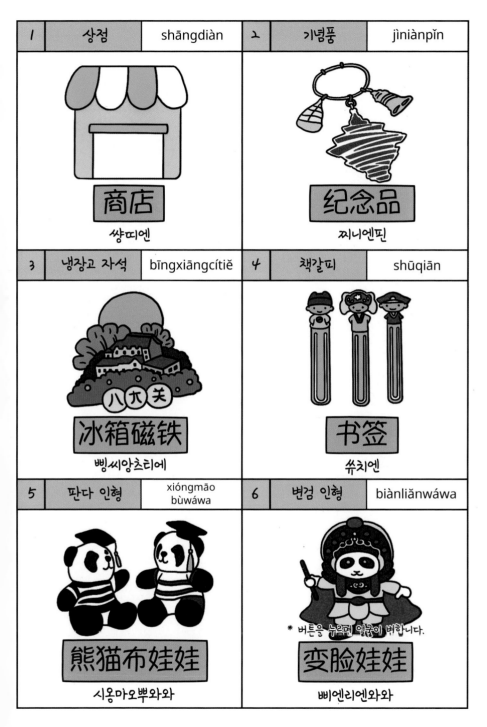

1	상점	shāngdiàn	2	기념품	jìniànpǐn
	商店			**纪念品**	
	쌍띠엔			찌니엔핀	
3	냉장고 자석	bīngxiāngcítiě	4	책갈피	shūqiān
	冰箱磁铁			**书签**	
	삥씨앙츠티에			쑤치엔	
5	판다 인형	xióngmāo bùwáwa	6	변검 인형	biànliǎnwáwa
	熊猫布娃娃			**变脸娃娃**	
	시옹마오뿌와와			삐엔리엔와와	

* 버튼을 누르면 얼굴이 변합니다.

7	다이어리	jìshìběn	8	엽서	míngxìnpiàn

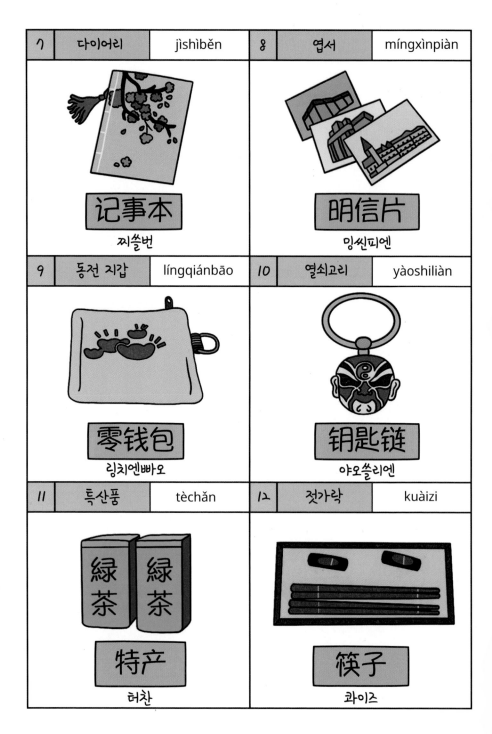

	记事本			明信片	
	찌쓸번			밍씬피엔	

9	동전 지갑	língqiánbāo	10	열쇠고리	yàoshiliàn
	零钱包			钥匙链	
	링치엔빠오			야오쓰리엔	

11	특산품	tèchǎn	12	젓가락	kuàizi
	特产			筷子	
	터찬			콰이즈	

중국의 할인율 표기 방법

숫자 뒤 折[zhé]를 붙여 표기해요.
打8折 혹은 8折는 '정가의 80% 가격에 판매한다.'라는 뜻이에요.
즉, 80% 세일이 아니라 20% 할인이라는 점 꼭 기억하세요.

자, 퀴즈 들어갑니다.
10% 할인은 어떻게 표기할까요?
네. 맞아요. 打9折 혹은 9折라고 합니다. 어렵지 않죠?

两件8折 三件7折

그럼, 이건 어떤 의미일까요?

两件8折 두 개 사면 20% 할인
三件7折 세 개 사면 30% 할인

참 쉽죠?

어느 것을 고를까요?

진지

곰곰

음..

9　입어봐도 될까요?

可以试试吗?

Kěyǐ shìshi ma

(커이 쓸슬 마)

10　물론이죠~

当然可以。

Dāngrán kěyǐ

(땅란 커이)

중국의 사이즈 표기 방법

S : 小号 [xiǎo hào] 시아오하오   M : 中号 [zhōng hào] 쫑하오
L : 大号 [dà hào] 따하오   XL : 超大号 [chāodà hào] 차오따하오

* S, M, L, XL를 사용하는 상점도 있지만 알파벳 발음이 한국과 조금 달라요.
   S는 에아스, M은 에무, L은 에루, XL은 에커스에루에 가깝답니다.

* 만약 신발을 구매하시는 경우에는 아래 사이즈를 확인하세요.
   [한.중 신발 사이즈 비교]

한국	225	230	235	240	245	250	255	265	(단위: mm)
중국	34	35	36	37	38	39	40	41	(단위: 号 hào)

이게 딱 내 사이즈네

요구사항 말하기

워 야오 + 어떤 것
= 전 어떤 것을 원해요.

Ex) 我要 + 大的
(워야오 + 따더)
전 큰 것을 원해요.

| 15 | 큰 것 | dàde | 16 | 작은 것 | xiǎode |

大的
따더

小的
시아오더

| 17 | 긴 것 | chángde | 18 | 짧은 것 | duǎnde |

长的
창더

短的
두안더

| 19 | 싼 것 | piányide | 20 | 가성비 좋은 것 | xìngjiàbǐgāode |

1件20元

便宜的

피엔이더

2件60元

性价比高的

씽찌아비까오더

| 21 | 귀여운 것 | kě'àide | 22 | 섹시한 것 | xìnggǎnde |

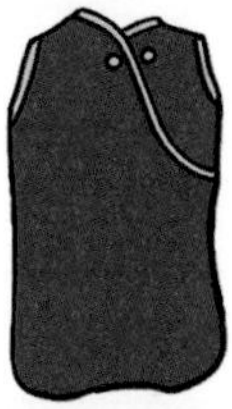

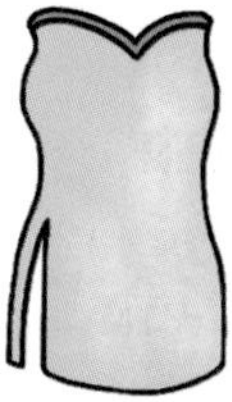

可爱的

커아이더

性感的

씽간더

| 23 | 색이 밝은 것 | qiǎnsède | 24 | 색이 어두운 것 | shēnsède |

浅色的

치엔써더

深色的

썬써더

* 다양한 중국어 색깔 표현은 p.198 에 정리되어 있습니다.

17 다른 건 필요 없으세요?

不需要别的吗?
Bù xūyào biéde ma
(뿌 쒸야오 비에더 마)

18 신상 있나요?

有新款吗?
Yǒu xīnkuǎn ma
(요우 씬콴 마)

19 있죠. 이게 제일 잘 나가요.

有, 这一款最红。
Yǒu zhè yì kuǎn zuì hóng
(요우 쩌 이 콴 쭈에이 홍)

20 지금 20% 할인이에요.

现在打8折。
Xiànzài dǎ bā zhé
(씨엔짜이 다 빠 져)

新款到啦！

新款

씬콴

男款

난콴

* 남성용 전통복장은 马褂[mǎguà]라고 합니다.
예전에는 '마고자'라고 불렸답니다.

21 포장해주세요.

请包装一下。
Qǐng bāozhuāng yíxià
(칭 빠오쭈앙 이씨아)

22 따로따로 싸주세요.

请分开包装。
Qǐng fēnkāi bāozhuāng
(칭 펀카이 빠오쭈앙)

23 교환, 환불은 불가합니다.

不能换货, 退货。
Bùnéng huànhuò tuìhuò
(뿌넝 환후어 투에이후어)

24 또 오세요.

欢迎您下次再来。
Huānyíng nín xiàcì zàilái
(환잉 닌 씨아츠 짜이라이)

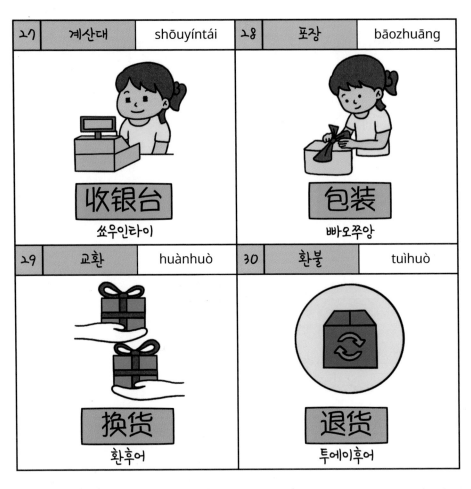

27	계산대	shōuyíntái	28	포장	bāozhuāng

收银台

쑈우인타이

包装

빠오쭈앙

29	교환	huànhuò	30	환불	tuìhuò

换货

환후어

退货

투에이후어

뿌듯

뿌듯

쇼핑을 열심히 해서 그런지 허기지네.

* 2017년 10월 12일 맥도날드는 회사명을 金拱门(찐공먼)으로 변경하였으나, 점포의 상호는 여전히 麦当劳(마이땅라오)로 사용하고 있습니다.

자신감

충만~

* 무인주문기가 있는 경우는 프리 패스!
* 직접 주문을 해야 하는 경우도 걱정 마세요.

단품 주문
워 야오 + 햄버거 이름

세트 주문
워 야오 + 햄버거 이름 + 타오찬(set)

* 즐겨 드실만한 햄버거의 중국어 이름은 모두 준비해두었답니다.

26 빅맥세트 하나 주시고요.

我要一个巨无霸套餐。
Wǒ yào yí ge jùwúbà tàocān
(워 야오 이 거 쮜우빠 타오찬)

27 타로 파이도 하나 주세요.

还要一个香芋派。
Háiyào yí ge xiāngyùpài
(하이야오 이 거 씨앙위파이)

31	단품(주문)	dāndiǎn	32	세트 메뉴	tàocān

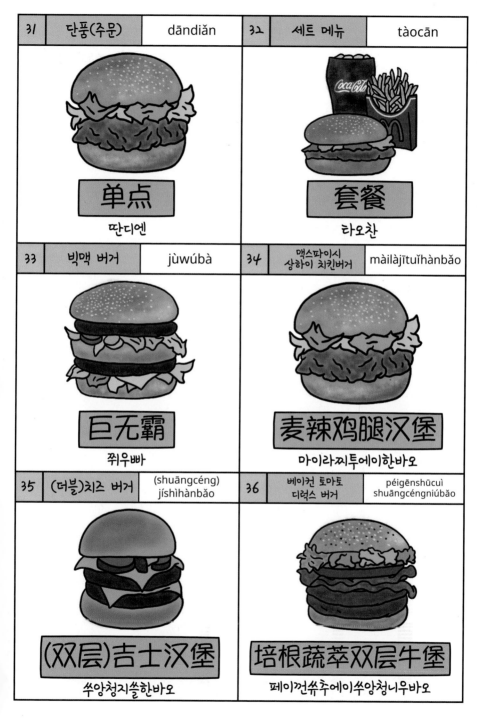

31 单点
딴디엔

32 套餐
타오찬

33	빅맥 버거	jùwúbà	34	맥스파이시 상하이 치킨버거	màilàjītuǐhànbǎo

33 巨无霸
쮜우빠

34 麦辣鸡腿汉堡
마이라찌투에이한바오

35	(더블)치즈 버거	(shuāngcéng) jíshìhànbǎo	36	베이컨 토마토 디럭스 버거	péigēnshūcuì shuāngcéngniúbǎo

35 (双层)吉士汉堡
쑤앙청지쓸한바오

36 培根蔬萃双层牛堡
페이껀쓔추에이쑤앙청니우바오

| 37 | 프렌치프라이 | shǔtiáo | 38 | 스위트 콘샐러드 | tiánxiāngyùmǐbēi |

薯条

슈티아오

甜香玉米杯

티엔씨앙위미뻬이

| 39 | 맥너겟 | màilèjī | 40 | 맥윙 | màilàjīchì |

麦乐鸡

마이러찌

麦辣鸡翅

마이라찌츨

| 41 | 파인애플 파이 | bōluópài | 42 | 타로 파이 | xiāngyùpài |

菠萝派

뽀루어파이

香芋派

씨앙위파이

28 여기서 드시나요, 가져가시나요?

在这儿吃还是带走?
Zài zhèr chī háishi dàizǒu
(짜이 쩔 츠 하이슬 따이조우)

29 테이크아웃할게요.

我要带走。
Wǒ yào dàizǒu
(워 야오 따이조우)

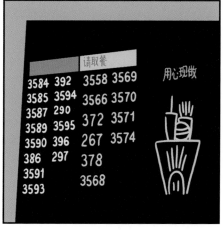

请取餐

3584	392	3558	3569
3585	3594	3566	3570
3587	290		
3589	3595	372	3571
3590	396	267	3574
386	297	378	
3591			
3593		3568	

用心现做

30 모니터를 잘 봐주세요.

请注意看一下屏幕。
Qǐng zhùyì kàn yíxià píngmù
(칭 쭈이 칸 이씨아 핑무)

오~ 중국 맥도날드 아주 칭찬해~

칭찬 하나

신기한 메뉴가 많다. 타로 파이부터 중국식 덮밥까지!

칭찬 둘

저렴하게 아침식사를 하기 정말 좋다.
또우장+요티아오(중국 대표 아침 메뉴)도 단돈 7위안

칭찬 셋

먹고 난 후 트레이를 치우지 않아도 된다.
(놓고 가면 직원이 치워주는 시스템)

이럴 수가!

그냥 지나치는 건 예의가 아니야!

43	아이스크림콘	yuántǒngbīngqílín	44	검은깨 콘	mámáhēiyuántǒng

圓筒冰淇淋

위엔통삥치린

麻麻黑圓筒

마마헤이위엔통

45	말차맛 콘	mǒchákǒuwèi yuántǒng	46	오레오 맥플러리	àolìàomàixuànfēng

抹茶口味圓筒

모차코우웨이위엔통

奧利奧麦旋风

아오리아오마이쒸엔펑

47	아메리카노	měishìkāfēi	48	라테	nátiě

美式咖啡

메이쓰카페이

拿铁

나티에

49	카푸치노	Kǎpǔqínuò	50	말차 라테	mǒchánátiě

卡普奇诺

카푸치누어

抹茶拿铁

모차나티에

甜品站

麦旋风
¥9

¥2⁵⁰

31 검은깨 콘 하나 주세요.

我要一个麻麻黑圆筒。
Wǒ yào yí ge mámáhēiyuántǒng
(워 야오 이 거 마마헤이위엔통)

맛있어~

흰색
白色 [báisè] 바이써

검정색
黑色 [hēisè] 헤이써

빨강색
红色 [hóngsè] 홍써

분홍색
粉红色 [fěnhóngsè] 펀홍써

파란색
蓝色 [lánsè] 란써

하늘색
天蓝色 [tiānlánsè] 티엔란써

녹색
绿色 [lǜsè] 뤼써

노란색
黄色 [huángsè] 황써

회색
灰色 [huīsè] 후에이써

보라색
紫色 [zǐsè] 즈써

쇼핑 + 패스트푸드

단어
회화

6-1 상점에서 [주요 단어]

1. 상점 商店
[shāngdiàn] 쌍띠엔

2. 기념품 纪念品
[jìniànpǐn] 찌니엔핀

3. 냉장고 자석 冰箱磁铁
[bīngxiāngcítiě] 삥씨앙츠티에

4. 책갈피 书签
[shūqiān] 쓔치엔

5. 판다 인형 熊猫布娃娃
[xióngmāobùwáwa] 시옹마오뿌와와

6. 변검 인형 变脸娃娃
[biànliǎnwáwa] 삐엔리엔와와

7. 다이어리 记事本
[jìshìběn] 찌쓸번

8. 엽서 明信片
[míngxìnpiàn] 밍씬피엔

9. 동전 지갑 零钱包
[língqiánbāo] 링치엔빠오

10. 열쇠고리 钥匙链
[yàoshiliàn] 야오쓸리엔

11. 특산품 特产
[tèchǎn] 터찬

12. 젓가락 筷子
[kuàizi] 콰이즈

13. 부채 扇子
[shànzi] 샨즈

14. 수공예품 手工艺品
[shǒugōngyìpǐn] 쇼우꽁이핀

15. 큰 것 大的
[dàde] 따더

16. 작은 것 小的
[xiǎode] 시아오더

17. 긴 것 长的
[chángde] 창더

18. 짧은 것 短的
[duǎnde] 두안더

19. 싼 것 便宜的
[piányide] 피엔이더

20. 가성비 좋은 것 性价比高的
[xìngjiàbǐ gāode] 씽지아비까오더

21. 귀여운 것 可爱的
[kě'àide] 커아이더

22. 섹시한 것 性感的
[xìnggǎnde] 씽간더

23. 색이 밝은 것 浅色的
[qiǎnsède] 치엔써더

24. 색이 어두운 것 深色的
[shēnsède] 션써더

25. 신상품(패션 용어) 新款
[xīnkuǎn] 씬콴

26. 남성용(패션 용어) 男款
[nánkuǎn] 난콴

27. 계산대 收银台
[shōuyíntái] 쇼우인타이

28. 포장 包装
   [bāozhuāng] 빠오쭈앙

29. 교환 换货
   [huànhuò] 환후어

30. 환불 退货
   [tuìhuò] 투에이후어

상점 실전 회화

1. 이거 어떻게 팔아요?
   这个怎么卖?
   Zhège zěnme mài
   쩌거 전머 마이

2. 4개에 30위안입니다.
   四个三十块。
   Sì ge sānshíkuài
   쓰 거 싼슬콰이

3. 2개에 10위안, 어때요?
   两个十块, 行不行?
   Liǎng ge shíkuài xíngbuxíng
   량 거 슬콰이 싱부싱

4. 안 돼요.
   不行。
   Bùxíng
   뿌싱

5. 싸게 해주세요~
   能不能便宜点儿?
   Néngbunéng piányi diǎnr
   넝부넝 피엔이 디알

6. 그래요, 좋아요.
   那, 好的。
   Nà hǎode
   나 하오더

7. 편하게 보세요.
   随便看看。
   Suíbiàn kànkan
   수에이삐엔 칸칸

8. 우리 가게가 제일 싸요.
   我们店最便宜!
   Wǒmen diàn zuì piányi
   워먼 띠엔 쭈에이 피엔이

9. 입어봐도 될까요?
   可以试试吗?
   Kěyǐ shìshi ma
   커이 쓸슬 마

10. 물론이죠.
   当然可以。
   Dāngrán kěyǐ
   땅란 커이

11. 사이즈 어떻게 드릴까요?
   你要多大的?
   Nǐ yào duōdàde
   니 야오 뚜어따 더

12. 스몰 사이즈요.
   我穿小号。
   Wǒ chuān xiǎo hào
   워 추안 시아오 하오

단어 회화

13. 어떠세요? 마음에 드세요?
怎么样? 喜欢吗?
Zěnmeyàng xǐhuan ma
전머양 시환 마

14. 너무 꽉 껴요.
太紧了。
Tài jǐn le
타이 진 러

15. 한 치수 큰 걸로 주세요.
请给我大一号的。
Qǐng gěi wǒ dà yíhào de
칭 게이 워 따 이하오 더

16. 네, 잠시만 기다려주세요.
好, 请稍等一下。
Hǎo qǐng shāo děng yíxià
하오 칭 쌰오 덩 이씨아

17. 다른 건 필요 없으세요?
不需要别的吗?
Bù xūyào biéde ma
뿌쒸야오 비에더 마

18. 신상 있나요?
有新款吗?
Yǒu xīnkuǎn ma
요우 씬콴 마

19. 있죠. 이게 제일 잘 나가요.
有, 这一款最红。
Yǒu zhè yì kuǎn zuì hóng
요우 쩌 이 콴 쭈에이 홍

20. 지금 20% 할인이에요.
现在打8折。
Xiànzài dǎ bā zhé
씨엔짜이 다 빠 져

21. 포장해주세요.
请包装一下。
Qǐng bāozhuāng yíxià
칭 빠오쭈앙 이씨아

22. 따로따로 싸주세요.
请分开包装。
Qǐng fēnkāi bāozhuāng
칭 펀카이 빠오쭈앙

23. 교환, 환불은 불가합니다.
不能换货, 退货。
Bùnéng huànhuò tuìhuò
뿌넝 환후어 투에이후어

24. 또 오세요.
欢迎您下次再来。
Huānyíng nín xiàcì zàilái
환잉 닌 씨아츠 짜이라이

6-2 패스트푸드점에서 주요 단어

31. 단품(주문) 单点
[dāndiǎn] 딴디엔

32. 세트 메뉴 套餐
[tàocān] 타오찬

33. 빅맥 버거 巨无霸
[jùwúbà] 쮜우빠

34. 맥스파이시 상하이 치킨버거 麦辣鸡腿汉堡
[màilàjītuǐhànbǎo] 마이라찌투에이한바오

35. (더블)치즈 버거 (双层)吉士汉堡
[shuāngcéngjíshìhànbǎo] 쑤앙청지쓸한바오

36. 베이컨 토마토 디럭스 버거
培根蔬萃双层牛堡
[Péigēnshūcuìshuāngcéngniúbǎo]
페이껀슈추에이쑤앙청니우바오

37. 프렌치프라이 薯条
[shǔtiáo] 슈티아오

38. 스위트 콘샐러드 甜香玉米杯
[tiánxiāng yùmǐbēi] 티엔씨앙위미뻬이

39. 맥너겟 麦乐鸡
[màilèjī] 마이러찌

40. 맥윙 麦辣鸡翅
[màilàjīchì] 마이라찌츨

41. 파인애플 파이 菠萝派
[bōluópài] 뽀루어파이

42. 타로 파이 香芋派
[xiāngyùpài] 씨앙위파이

43. 아이스크림콘 圆筒冰淇淋
[yuántǒngbīngqílín] 위엔통삥치린

44. 검은깨 콘 麻麻黑圆筒
[mámáhēiyuántǒng] 마마헤이위엔통

45. 말차맛 콘 抹茶口味圆筒
[mǒchákǒuwèiyuántǒng]
모차코우웨이위엔통

46. 오레오 맥플러리 奥利奥麦旋风
[àolìàomàixuànfēng] 아오리아오마이쒸엔펑

47. 아메리카노 美式咖啡
[měishìkāfēi] 메이쓸카페이

48. 라테 拿铁
[nátiě] 나티에

49. 카푸치노 卡普奇诺
[Kǎpǔqínuò] 카푸치누어

50. 말차 라테 抹茶拿铁
[mǒchánátiě] 모차나티에

패스트푸드점 실전 회화

25. 무엇으로 하시겠습니까?
您点什么?
Nín diǎn shénme
닌 디엔 션머

26. 빅맥세트 하나 주시고요.
我要一个巨无霸套餐。
Wǒ yào yí ge jùwúbà tàocān
워 야오 이 거 쮜우빠 타오찬

27. 타로파이도 하나 주세요.
还要一个香芋派。
Háiyào yí ge xiāngyùpài
하이야오 이 거 씨앙위파이

단어
회화

28. 여기서 드시나요, 가져가시나요?
    在这儿吃还是带走?
    Zài zhèr chī háishi dàizǒu
    짜이 쩔 츨 하이슬 따이조우

29. 테이크아웃할게요.
    我要带走。
    Wǒ yào dàizǒu
    워 야오 따이조우

30. 모니터를 잘 봐주세요.
    请注意看一下屏幕。
    Qǐng zhùyì kàn yíxià píngmù
    칭 쭈이 칸 이씨아 핑무

31. 검은깨 콘 하나 주세요.
    我要一个麻麻黑圆筒。
    Wǒ yào yí ge mámáhēiyuántǒng
    워 야오 이 거 마마헤이위엔통

단어
회화

七

마사지+귀국

어디로 가야 마사지를 받을 수 있을까?

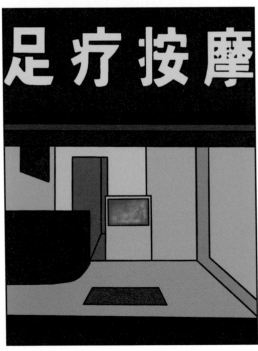

足疗按摩

여기로 결정~!

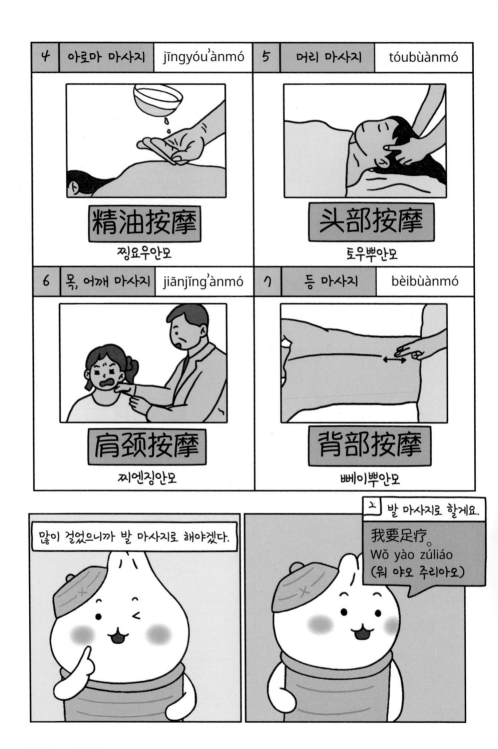

4	아로마 마사지	jīngyóu'ànmó	5	머리 마사지	tóubùànmó

精油按摩

찡요우안모

头部按摩

토우뿌안모

6	목, 어깨 마사지	jiānjǐng'ànmó	7	등 마사지	bèibùànmó

肩颈按摩

찌엔징안모

背部按摩

뻬이뿌안모

많이 걸었으니까 발 마사지로 해야겠다.

2 발 마사지로 할게요.

我要足疗。
Wǒ yào zúliáo
(워 야오 주리아오)

4 양말을 벗으세요.

脱下袜子。
Tuōxià wàzi
(투어씨아 와즈)

5 발을 담가주세요.

把脚泡在汤里。
Bǎ jiǎo pàozài tāng lǐ
(바 지아오 파오짜이 탕 리)

* 발을 담그기 전 생강가루, 우유가루, 꽃가루 등을 풀어서 할 것인지 묻는 경우가 많은데, 선택하시면 일반적으로 10위안 정도가 추가됩니다.

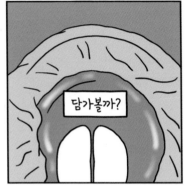

담가볼까?

6 너무 뜨거워.

太烫了。
Tài tàng le
(타이 탕 러)

뚜쉬...
발 익을 뻔했어.

코아~

노곤하네~

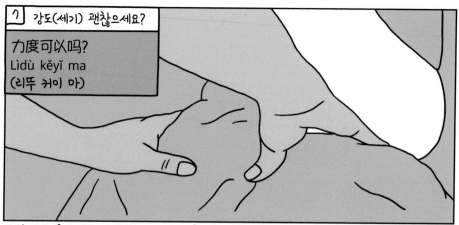

ㄱ) 강도(세기) 괜찮으세요?

力度可以吗?
Lìdù kěyǐ ma
(리뚜 커이 마)

* 발 마사지를 선택하셔도 가벼운 어깨 마사지를 해주는 경우가 많습니다.

8) 매우 편안해요.

非常舒服。
Fēicháng shūfu
(페이창 쓔푸)

9) 자, 저쪽으로 앉으세요.

来, 你坐在那边吧。
Lái nǐ zuò zài nàbian ba
(라이 니 쭈어 짜이 나비엔 바)

10	시원하다	hěnshuǎng	11	딱 좋다	zhènghǎo

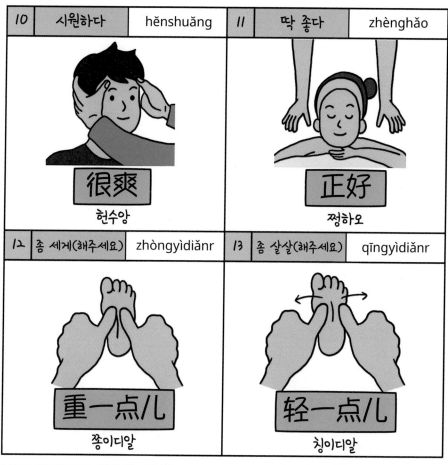

12	좀 세게(해주세요)	zhòngyìdiǎnr	13	좀 살살(해주세요)	qīngyìdiǎnr

| 18 | 부항 | báguàn | 19 | 쑥뜸 | àijiǔ |

拔罐
바꽌

艾灸
아이지우

| 20 | 귀 청소 | cǎi'ěr |

采耳
차이얼

14 그럼, 안 할래요.
那, 不用了。
Nà búyòngle
(나 부용러)

15 다 됐습니다, 끝났습니다.
好了, 结束了。
Hǎo le jiéshù le
(하오 러 지에쓔 러)

오오 발이 가벼워~

꼭 필요한 지출이었어.

마지막 일정까지 하얗게 불태웠다...

음냐...

알람

알람

일어나야...

하는데...

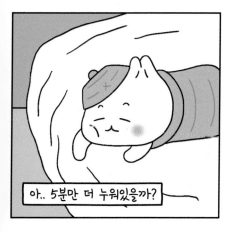

아.. 5분만 더 누워있을까?

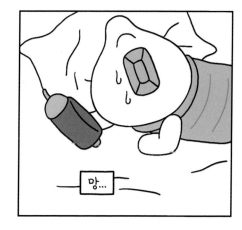

망...

七。마사지+귀국

물건 착용하기

따이(戴 dài) + 착용할 물건
= ~을 착용하다.

＋ 짜이(摘 zhāi) + 벗을 물건
= ~을 벗다.

쏙쏙

즙즙

21	모자	màozi

帽子

마오즈

22	안경	yǎnjìng

眼镜

옌찡

23	선글라스	mòjìng/tàiyángjìng

墨镜/太阳镜

모찡/타이양찡

24	마스크	kǒuzhào

口罩

코우짜오

오~ 됐어. 완전무장!

20 체크아웃할게요.

我要退房。
Wǒ yào tuìfáng
(워 야오 투에이팡)

21 택시가 문 앞에서 기다리고 있습니다.

出租车在门口等您。
Chūzūchē zài ménkǒu děng nín
(추쭈처 짜이 먼코우 덩 닌)

씨에시에(谢谢)
고맙습니다.

숙소도 짜이찌엔(再见)

공항 도착!

휴.. 안 늦었다.

폴폴폴

그래도 서둘러야지.

七。 마사지+귀국

22 다음 손님.
下一位。
Xià yí wèi
(씨아 이 웨이)

23 이건 제 여권이고요.
这是我的护照。
Zhè shì wǒ de hùzhào
(쩌 쓰 워 더 후짜오)

24 창가 자리를 원해요.
我要靠窗座位。
Wǒ yào kàochuāng zuòwèi
(워 야오 카오추앙 쭈오웨이)

25 짐은 하나 부칠게요.
我有一件行李要托运。
Wǒ yǒu yí jiàn xíngli yào tuōyùn
(워 요우 이 찌엔 싱리 야오 투어윈)

25	탑승수속	dēngjīshǒuxù	26	탑승카운터	dēngjīguìtái
	登机手续 떵찌쇼쒸			登机柜台 떵지꾸에이타이	
27	셀프체크인	zìzhùzhíjī	28	수하물 탁송	tuōyùnxíngli
	自助值机 쯔쭈즐찌			托运行李 투어윈싱리	

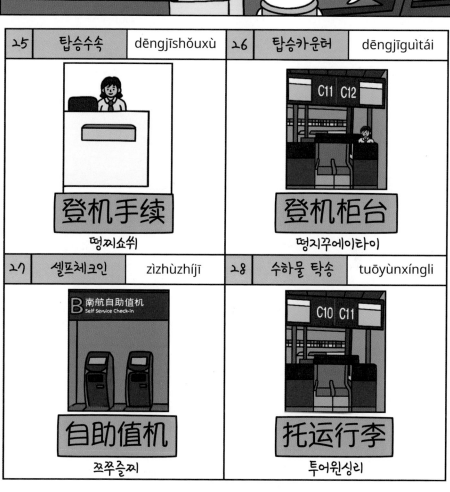

29	좌석 선택	xuǎnzuò	30	퍼스트 클래스	tóuděngcāng

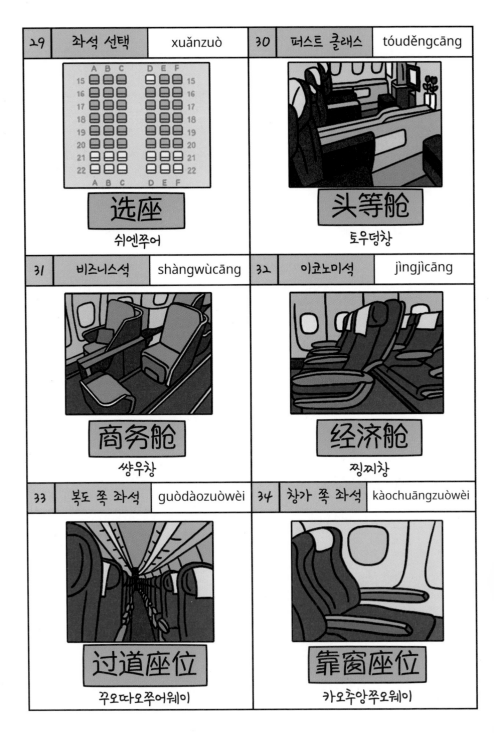

选座
쉬엔쭈어

头等舱
토우덩창

31	비즈니스석	shàngwùcāng	32	이코노미석	jìngjìcāng

商务舱
썅우창

经济舱
찡찌창

33	복도 쪽 좌석	guòdàozuòwèi	34	창가 쪽 좌석	kàochuāngzuòwèi

过道座位
꾸오따오쭈어웨이

靠窗座位
카오추앙쭈오웨이

휴우 =3
아직 출국심사가 남아있어.

소리 모자, 선글라스와 마스크 모두 벗어주세요.

摘一下帽子, 墨镜和口罩。
Zhāi yíxià màozi mòjìng hé kǒuzhào
(짜이 이씨아 마오즈 모찡 허 코우짜오)

七。마사지+귀국

29   주머니 비우세요.

请把口袋掏空。
Qǐng bǎ kǒudài tāokōng
(칭 바 코우따이 타오콩)

30   검색대 통과하세요.

请通过安检门。
Qǐng tōngguò ānjiǎnmén
(칭 통꾸어 안지엔먼)

31   양팔 벌리세요.

张开双臂。
Zhāngkāi shuāngbì
(짱카이 쓔앙삐)

33 탑승을 시작하겠습니다.

开始登机。
Kāishǐ dēngjī
(카이슬 떵찌)

도도독

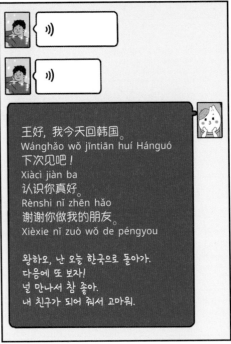

王好, 我今天回韩国。
Wánghǎo wǒ jīntiān huí Hánguó
下次见吧！
Xiàcì jiàn ba
认识你真好。
Rènshi nǐ zhēn hǎo
谢谢你做我的朋友。
Xièxie nǐ zuò wǒ de péngyou

왕하오, 난 오늘 한국으로 돌아가.
다음에 또 보자!
널 만나서 참 좋아.
내 친구가 되어 줘서 고마워.

예쁘시네요.
你很漂亮。
[Nǐ hěn piàoliang] 니 헌 피아오량

멋지시네요.
你很帅。
[Nǐ hěn shuài] 니 헌 쑤아이

당신이 좋아요.
我喜欢你。
[Wǒ xǐhuan nǐ] 워 시환 니

당신을 사랑하게 되었어요.
我爱上你了。
[Wǒ àishang nǐ le] 워 아이샹 니 러

당신을 만나 참 좋아요.
认识你真好。
[Rènshi nǐ zhēn hǎo]
런슬 니 쩐 하오

당신은 제 이상형이에요.
你是我的理想型。
[Nǐ shì wǒ de lǐxiǎngxíng]
니 쓸 워더 리시앙싱

연락해도 될까요?
可以联系吗?
[Kěyǐ liánxì ma] 커이 리엔씨 마

잘 자요, 꿈에서 만나요.
晚安 梦里见。
[Wǎn'ān Mènglǐjiàn] 완안 멍리 찌엔

마사지+귀국

단어
회화

7-1 마사지샵에서 주요 단어

1. 마사지 按摩
   [ànmó] 안모

2. 전신마사지 全身按摩
   [quánshēnànmó] 취엔썬안모

3. 발 마사지 足部按摩/足疗
   [zúbùanmó/zúliáo] 주뿌안모/주리아오

4. 아로마 마사지 精油按摩
   [jīngyóu'ànmó] 찡요우안모

5. 머리 마사지 头部按摩
   [tóubùànmó] 토우뿌안모

6. 목, 어깨 마사지 肩颈按摩
   [jiānjǐng'ànmó] 찌엔징안모

7. 등 마사지 背部按摩
   [bèibùànmó] 뻬이뿌안모

8. 아프다 很痛
   [hěntòng] 헌통

9. 간지럽다 很痒
   [hěnyǎng] 헌양

10. 시원하다 很爽
    [hěnshuǎng] 헌수앙

11. 딱 좋다 正好
    [zhènghǎo] 쩡하오

12. 좀 세게(해주세요) 重一点儿
    [zhòngyìdiǎnr] 쫑이디알

13. 좀 살살(해주세요) 轻一点儿
    [qīngyìdiǎnér] 칭이디알

14. 추가요금 附加费
    [fùjiāfèi] 푸찌아페이

15. 무좀 치료 治脚气
    [zhìjiǎoqì] 쯸지아오치

16. 티눈 제거 挑鸡眼
    [tiāojīyǎn] 티아오찌옌

17. 수각 修脚
    [xiūjiǎo] 씨우지아오

18. 부항 拔罐
    [báguàn] 바꽌

19. 쑥뜸 艾灸
    [àijiǔ] 아이지우

20. 귀 청소 采耳
    [cǎi`ěr] 차이얼

마사지샵 실전 회화

1. 골라보세요.
   请您挑选一下。
   Qǐng nín tiāoxuǎn yíxià
   칭 닌 티아오쉬엔 이씨아

2. 발 마사지로 할게요.
   我要足疗。
   Wǒ yào zúliáo
   워 야오 주리아오

3. 이쪽으로 오세요.
   这边请。
   Zhèbian qǐng
   쩌비엔 칭

4. 양말을 벗으세요.
脱下袜子。
Tuōxià wàzi
투어씨아 와즈

5. 발을 담가주세요.
把脚泡在汤里。
Bǎ jiǎo pàozài tāngli
바 지아오 파오짜이 탕리

6. 너무 뜨거워.
太烫了。
Tài tàng le
타이 탕 러

7. 강도(세기)괜찮으세요?
力度可以吗?
Lìdù kěyǐ ma
리뚜 커이 마

8. 매우 편안해요.
非常舒服。
Fēicháng shūfu
페이창 슈푸

9. 자, 저쪽으로 앉으세요.
来, 你坐在那边吧。
Lái nǐ zuò zài nàbian ba
라이 니 쭈어 짜이 나비엔 바

10. 아파요. 살살해주세요.
很痛。轻一点儿。
Hěn tòng qīng yìdiǎnr
헌 통 칭 이디알

11. 티눈 제거해드릴까요?
要不要挑鸡眼?
Yàobuyào tiāo jīyǎn
야오부야오 티아오 찌옌

12. 추가요금이 있나요?
有没有附加费?
Yǒuméiyǒu fùjiāfèi
요우메이요우 푸찌아페이

13. 10위안 추가됩니다.
加十块。
Jiā shíkuài
찌아 슬콰이

14. 그럼, 안 할래요.
那不用了。
Nà búyòngle
나 부용 러

15. 다 됐습니다, 끝났습니다.
好了, 结束了。
Hǎo le jiéshù le
하오 러 지에슈 러

7-2 공항에서 주요 단어

21. 모자 帽子
[màozi] 마오즈

22. 안경 眼镜
[yǎnjìng] 옌찡

23. 선글라스 墨镜/太阳镜
[mòjìng/tàiyángjìng] 모찡/타이양찡

24. 마스크 口罩
[kǒuzhào] 코우짜오

25. 탑승수속 登机手续
[dēngjīshǒuxù] 떵찌쇼쒸

26. 탑승카운터 登机柜台
[dēngjīguìtái] 떵찌꾸에이타이

27. 셀프체크인 自助值机
[zìzhùzhíjī] 쯔쭈즐찌

28. 수하물 탁송 托运行李
[tuōyùnxíngli] 투어윈싱리

29. 좌석 선택 选座
[xuǎnzuò] 쉬엔쭈어

30. 퍼스트 클래스 头等舱
[tóuděngcāng] 토우덩창

31. 비즈니스석 商务舱
[shāngwùcāng] 쌍우창

32. 이코노미석 经济舱
[jīngjìcāng] 찡찌창

33. 복도 쪽 좌석 过道座位
[guòdào zuòwèi] 꾸어따오쭈어웨이

34. 창가 쪽 좌석 靠窗座位
[kàochuāng zuòwèi] 카오추앙쭈어웨이

호텔 체크아웃 실전 회화

16. 저 택시 한 대 불러주세요.
帮我叫一辆出租车。
Bāng wǒ jiào yí liàng chūzūchē
빵 워 찌아오 이 량 추쭈처

17. 어디까지 가시는데요?
您到哪儿去?
Nín dào nǎr qù
닌 따오 날 취

18. 언제 필요하세요?
什么时候要?
Shénme shíhòu yào
션머 슬호우 야오

19. 공항으로 가요. 빠를수록 좋고요.
我去机场, 越快越好。
Wǒ qù jīchǎng yuèkuàiyuèhǎo
워 취 찌창 위에콰이위에하오

20. 체크아웃할게요.
我要退房。
Wǒ yào tuìfáng
워 야오 투에이팡

21. 택시가 문 앞에서 기다리고 있습니다.
出租车在门口等您。
Chūzūchē zài ménkǒu děng nín
추쭈처 짜이 먼코우 덩 닌

귀국(공항) 실전 회화

22. 다음 손님.
下一位。
Xià yí wèi
씨아 이 웨이

23. 이건 제 여권이고요.
这是我的护照。
Zhè shì wǒ de hùzhào
쩌 쓸 워 더 후짜오

24. 창가 자리를 원해요.
我要靠窗座位。
Wǒ yào kàochuāng zuòwèi
워 야오 카오추앙 쭈오웨이

25. 짐은 하나 부칠게요.
我有一件行李要托运。
Wǒ yǒu yí jiàn xíngli yào tuōyùn
워 요우 이 찌엔 싱리 야오 투어윈

26. 가방 안에 배터리, 노트북, 라이터가 있습니까?
行李里面有电池, 笔记本电脑, 打火机吗?
xíngli lǐmiàn yǒu diànchí bǐjìběndiànnǎo
dǎhuǒjī ma
싱리 리미엔 요우 띠엔츨 비찌번띠엔나오
다후어찌 마

27. 가방을 올려주세요.
把行李放在上面。
Bǎ xíngli fàngzài shàngmiàn
바 싱리 팡짜이 쌍미엔

28. 모자, 선글라스와 마스크 모두 벗어주세요.
摘一下帽子, 墨镜和口罩。
Zhāi yíxià màozi mòjìng hé kǒuzhào
짜이 이씨아 마오즈 모찡 허 코우짜오

29. 주머니 비우세요.
请把口袋掏空。
Qǐng bǎ kǒudài tāokōng
칭 바 코우따이 타오콩

30. 검색대 통과하세요.
请通过安检门。
Qǐng tōngguò ānjiǎnmén
칭 통꾸어 안지엔먼

31. 양팔 벌리세요.
张开双臂。
Zhāngkāi shuāngbì
짱카이 슈앙삐

32. 탑승권과 출국 카드 제시해 주세요.
出示登机牌和出境卡。
Chūshì dēngjīpái hé chūjìngkǎ
추쓸 떵찌파이 허 추찡카

33. 탑승을 시작하겠습니다.
开始登机。
Kāishǐ dēngjī
카이슬 떵찌

단어
회화

빠오즈메이의

여행 중국어
마스터

초판 1쇄 펴낸 날 ㅣ 2019년 9월 20일

지은이 ㅣ 배정현, 송한결
그린이 ㅣ 조유리
펴낸이 ㅣ 홍정우
펴낸곳 ㅣ 브레인스토어

책임편집 ㅣ 이슬기
편집진행 ㅣ 양은지
디자인 ㅣ 이유정
마케팅 ㅣ 이수정

주소 ㅣ (04035) 서울특별시 마포구 양화로7안길 31(서교동, 1층)
전화 ㅣ (02)3275-2915~7
팩스 ㅣ (02)3275-2918
이메일 ㅣ brainstore@chol.com
블로그 ㅣ https://blog.naver.com/brain_store
페이스북 ㅣ https://www.facebook.com/brainstorebooks

등록 ㅣ 2007년 11월 30일(제313-2007-000238호)

© 브레인스토어, 배정현, 송한결, 조유리, 2019
ISBN 979-11-88073-41-2(03720)

이 도서의 국립중앙도서관 출판예정도서목록(CIP)은 서지정보유통지원시스템 홈페이지
(http://seoji.nl.go.kr)와 국가자료종합목록 구축시스템(http://kolis-net.nl.go.kr)에서 이용
하실 수 있습니다. (CIP제어번호 : CIP2019033771)